Kiel

Ein Lesebuch

Die Stadt Kiel in Erzählungen, Romanen, Tagebüchern,
Lebenserinnerungen, Briefen, Reisebeschreibungen
und Kindergeschichten
sowie Gedichten von einst und jetzt

gesammelt und herausgegeben
von
Horst Kutzer

Husum Verlag

Umschlagbild: Gesine Rosenträger, „Segelschulschiff ‚Gorch Fock' in der Kieler Förde"

CIP-Kurztitelaufnahme der Deutschen Bibliothek

Kiel : e. Lesebuch ; d. Stadt Kiel in Erzählungen, Romanen, Tagebüchern, Lebenserinnerungen, Briefen, Reisebeschreibungen u. Kindergeschichten sowie Gedichten von einst u. jetzt / ges. u. hrsg. von Horst Kutzer. – Husum : Husum Verlag, 1986.
ISBN 3-88042-325-3
NE: Kutzer, Horst [Hrsg.]

Satz: Fotosatz Husum GmbH
Druck und Verarbeitung: Husum Druck- und Verlagsgesellschaft
Postfach 1480, D-2250 Husum
ISBN 3-88042-325-3

Vorwort

Das vorliegende Lesebuch will zu einer literarischen Entdeckungsreise durch die Stadt Kiel einladen. Es soll ein unterhaltsames Lesevergnügen darstellen und bisweilen zum Nachdenken anregen.
Aus einer Fülle von gesammelten literarischen Zeugnissen – gefunden in Tagebüchern, Briefen, Reisebeschreibungen, Romanen und Gedichtsammlungen von einst und jetzt – habe ich eine Auswahl getroffen, die möglichst viele Aspekte der Stadt Kiel berücksichtigt.
Die Textfolge ist nicht historisch-wissenschaftlich gegliedert. Vielmehr möchte ich die Aufzeichnungen der verschiedenen Autoren in der Art eines „bunten Straußes" präsentieren. Im Interesse einer möglichst umfassenden Dokumentation erhalten hier auch Texte, z. B. einige Reiseberichte, die von nichtprofessionellen Autoren verfaßt wurden, ihren Platz. Gerade die stilistischen und inhaltlichen Unterschiede der Texte ergeben in ihrer Gesamtheit ein anschauliches Bild der Stadt mit all ihren Reizen und Widersprüchen. Auf Erklärungen und Anmerkungen habe ich verzichtet, da sie den Rahmen eines „Lese-Buches" in der vorliegenden Form sprengen würden.
An dieser Stelle möchte ich Frau Karen Hansen, Dansk Bibliotek Slesvig, und Herrn Prof. Dr. Dieter Lohmeier, Schl.-Holst. Landesbibliothek Kiel, für ihre fachliche Beratung danken.

Horst Kutzer

Die Stadt Kiel - Ansichten und Eindrücke

Kiel – inmitten eines Paradieses

Jens Baggesen

Schrevenborn, den 30sten May. (1793)
Ich bin nun schon an den fünften Tag in diesem Paradiese, in dessen Mitte ich mir Kiel mit seiner Universität vorstelle, wie den Baum des Erkenntnisses Gutes und Böses. Die Lage dieser recht artigen Stadt ist sehr angenehm, und die Gegend umher bezaubernd . . .

zufällig in kiel

Annemarie Zornack

eben traf ich einen matrosen
auf einem fahrrad
zu seiner entschuldigung:
er sang ein blaues lied

Kiel

Eine Frühlingshymne

Johann Meyer

Nun prangst du wieder! – Schimmerndes Buchengrün
Schmückt dir die Locken, und dir am Busen glänzt
Dein blau Juwel im Gold' der Sonne,
Blühende Stadt du des Holstenlandes!

. . .

Von Viehburgs Höhen schön aus dem jungen Wald'
Auf dich die Fernsicht, wenn du zu Füßen uns
Aus mattem Duft' mit deinen Türmen
Lugst und dem silbernen Meeresstreifen!

Noch schöner aber, wo in die See hinaus
Von deinen Füßen führt uns der Wellenpfad
Und rechts und links die grünen Höhen
Freundliche Grüße herüberwinken.

Hier Bellevue, – Alt-Heikendorf weiterhin, –
Dann Holtenau, – und weiter noch Friedrichsort,
Und dann Laboe, und dann unendlich
Weiter und weiter des Meeres Schimmer!

. . .

Frei Schleswig-Holstein! – Herrlich in ihrer Pracht
Alldeutschlands Größe! – Blühend du, schöne Stadt!
Und ob des alten Schlosses Zinnen
Rauschet der Adler der Hohenzollern!

Ein alte / und wasserreiche Statt (1653)

(Kiel) Ist ein alte / und wasserreiche Statt, die von den Wassern fast allenthalben umbgeben. Hat ein ansehenliches Schloß auff einem Hügel erbawet / und vom Hertzog Adolphen mit newen Gebäwen gezieret. Sonsten seind da zu sehen S. Nicolai Pfarrkirche / das Rathhauß / obgedachtes Franciscaner Closter / Anno 1244. vom Adolpho IV. (der etwan selbsten ein Mönch gewesen / und / vor seinem Todte / den König Wal. oder Woldemarum II. in Dännemarck / zu Bornhofede / überwunden hat) gestifftet / so jetzt ein Spital ist. An besagter Pfarrkirche ist ein Capell / den Herrn Ranzawen gehörig / in welchem viel dieses vornehmen Adelichen Geschlechts / ihre ansehenliche Gräber haben / sonderlich Herr Ott von Rantzaw / Ritter / mit seinen Söhnen / Töchtern / und Enickeln; an dessen Grab das Ranzawisch Wappen von Ertz gesehen wirdt. Er ist gestorben Anno 1511.

Sie / die Herren von Ranzaw haben ingleichem / bey dem Fürstlichen obgedachten Schloß allhie / einen ansehenlichen Pallast. Dann obwoln diese Statt heutigs Tags Herrn Friederichen / Hertzogen zu Holstein / auff Gottorff / gehörig ist; so hat doch auch der Adel viel schöne Häuser darinn: Weiln jährlich im Jenner / (umb das Fest der H. 3. König / wie Theils berichten / oder umb S. Anthonii Tag / wie einer will) der Holsteinische Adel / neben einer grossen Menge Volcks allhie zusammen kombt / so man den Umbschlag nennet / und bey welcher Zusammenkunfft / so diese Statt sonderlich berühmbt machet / man von Landes: und andern Sachen / Berathschlagungen anstellet / und sonderlich im Geltwechsel viel verhandelt: Wie kann Garhardus I. Graff zu Holstein / und Schawenburg / disen Ort mit herrlichen Freyheiten begabet.

Kiel, die Hauptstadt Schleswig-Holsteins

Ernst von Salomon

. . . Und da ist Kiel, die heimliche Hauptstadt Schleswig-Holsteins, die es so schwer hatte und einen langen Weg gehen mußte, um wirklich zur Hauptstadt zu werden. Kiel trägt das Signum der Bescheidenheit von Anfang an. Der Schauenburger Graf Adolf IV. gründete die

Stadt als „Civitas Holsatiae", als *die* Stadt Holsteins, die 1242 „lübisches Stadtrecht" erhielt, nicht also ein eigenes, und ihren Namen von „tom Kyle" herleitete, was nichts anderes heißt als bescheiden: „An der Bucht", am Ende der 17 km langen Förde nämlich. Die Stadt war gedacht als Messe- und Umschlagsplatz mit ihrem idealen Hafen, dem idealsten Hafen rund um die Ostsee, der aber nie die Bedeutung aller anderen Häfen erreichte, Lübeck blieb die überragende Konkurrenz. In der Hanse spielte Kiel zwar brav mit, erlangte aber nie eine führende Bedeutung. Das lag nicht am Willen der Kieler, sondern an der „Hilfe", die ihnen von allen Mächten, die über sie herrschten, zugemutet wurde. Bescheiden und zäh kam Kiel allen Anforderungen, die mit jeder Hilfe verbunden war, vortrefflich nach. Die Stadt der Handwerker, die Geldzentrale der jütischen Halbinsel, erhielt 1665 durch den Gottorper Herzog Christian Albrecht ihre Universität, und die kleine Universität umfaßte alle Fakultäten und ein paar neu erfundene, mit dem Meer zusammenhängende obendrein, und Kiel bestrahlte mit dieser Universität das ganze Land. Von Kiel aus gingen Humanität und Bildung wie ein Segen über das Bauernland. Der Elan der Professoren löste 1848 die Erhebung der Schleswig-Holsteiner aus. Als die Stadt 1867 zu Preußen kam, hatte sie knapp 30 000 Einwohner, der Kriegshafen, als Hilfe für die bescheidene Landstadt gedacht, gab ihr ein vollkommen anderes Gesicht. Sie wuchs zu einer Stadt von 240 000 Einwohnern an. Die Kieler wurden zu einem eigenen Stamm, zusammengewürfelt aus allen Stämmen der Herzogtümer, unter der Maske der Reichsinteressen ein Volk von bescheidenen Spöttern. Die Flotte sollte „in der Bucht" in Sicherheit sein, aber die Sicherheit wurde kompensiert durch das andere Geschenk Preußens und des Reiches, durch den Nord-Ostsee-Kanal, der natürlich dem Handel dienen sollte – und ihn im wesentlichen genau an Kiel vorbeiführte –, aber gleichzeitig die Möglichkeit bot, die Flotte im Fall der Gefahr auf schnellem Weg von der Ostsee zur Nordsee zu führen: Neunzig Bombenteppiche fielen im Zweiten Weltkrieg auf die Stadt und zerstörten sie zu 84 Prozent. Gegenüber der Stadt lag am Ende statt der Arbeiterwohnstadt Gaarden und der Werften ein drei Kilometer langer Streifen der Verwüstung. „Laß den Schiet brennen", mag den Spöttern den Willen eingebrannt haben, die Stadt, die längst schon in ihrer alten Anlage den modernen Bedürfnissen und modernen Möglichkeiten nicht gewachsen war, neu zu gründen, sozusagen von Grund auf neu. Die Kieler zeigten, was sie konnten, wenn sie wirklich das zu tun vermochten, was sie wollten. Ganz gewiß war die Zeit des stolzen Kaiserreichs Wilhelms II. mit ihrer stolzen Flotte und der freudig bejubelten

„Kieler Woche" und ihren Segelregatten für die Kieler auch eine stolze Zeit. Nie hatten sie sich den Forderungen verweigert, die an sie gestellt wurden, und wenn sie 1848 begeistert sangen „Schleswig-Holstein meerumschlungen", so sangen sie nun das Flottenlied bei jeder passenden Gelegenheit: „Dem Feinde weh . . ., der sie bedroht . . .", und heimlich dichtete die Kieler Spötterwelt zur Melodie dieses Flottenliedes ein anderes – eines zum „sich högen":

Was steigt denn da für'n swatten Qualm
Am Horizont empor?
Es ist des Kaisers Segelyacht,
Es ist der „Meteor".
Der Kaiser steht am Steuerrad,
Prinz Heinrich hält die Schot,
Und hinten hißt Prinz Adalbert
Die Flagge Schwarz-Weiß-Rot.
(Und achtern, tief in der Kombüse,
Brät Speck Victoria Louise!)
Ein Volk, dem solche Fürsten stehn,
da hat er keine Not.
Deutschland kann niemals untergehn.
Es lebe Schwarz-Weiß-Rot.
So stehn wir an des Thrones Stufen,
Und halten ihn in Treue fest,
Und sind bereit, Hurra zu rufen,
Wo es sich irgend machen läßt.

Der Kaiser, so wird berichtet, hat nach seiner Art kräftig gelacht, als ihm dieses schöne Lied, die Kieler Nationalhymne, vorgetragen wurde, und dabei hat er dem neben ihm sitzenden Großherzog vor lauter Vergnügen mehrmals auf die Knie geschlagen . . . dem Oldenburger!

Wandlungen

Detlev von Liliencron

Vierzig Jahre sind es her,
Daß ich mein Vaterstädtchen verließ,
Daß mich draußen der Wind umstieß,

Und an ein Wiedersehn dacht ich nicht mehr.
Hatte kaum sechzehn Lenze gesehn,
Mußt ich schon in die Fremde gehn.
Hart hab ich gekämpft durch all die Zeit,
War um das Stück Brot ein wütender Streit.
Wie vieles hab ich erlebt, versucht,
Gebeten, getrotzt, und noch mehr geflucht.
Hielt meine Faust mal das Glück im Zwinger,
Gleich tropft es wie Wasser mir durch die Finger.
Und immer von neuem und immerzu,
Ohne Reue und ohne Ruh,
Bis ich endlich den Schmetterling fest erhasche,
Da blieb mir das Gold wie Leim in der Tasche.
Und ich atmete tief auf und wischte den Schweiß
Aus Augen und Stirn nach errungnem Preis,
Und sah mich um und erstaunte viel,
Daß Freuden die Welt hat und muntres Spiel.
Doch wars zu spät; zu ernst war mein Sinn,
Ich hatte der Lustigkeit nicht mehr Gewinn.
Ich hatt es verpaßt, ich mußt es verpassen,
Und darf die Welt nicht mal drum hassen.
Nur noch einen Wunsch hatt ich in mir stehn:
Mein Vaterstädtchen wieder zu sehn.

Mit der Postkarriole wars ehmals getan,
Jetzt kam ich an mit der Eisenbahn.
Mein erster Gang war zum Ahornbaum
In unserm Gärtchen, der wie ein Traum
Mich durchs ganze Leben geleitet,
Mich immer wie ein Freund begleitet.
Aber wo früher mein Elternhaus stand,
Fand ich nun eine steinerne Wand:
Ein „Prachtgebäude" mit „Seitenraum"
Hatte Garten vernichtet und Ahornbaum.
Dann eilt ich zu meinen Spielplätzen hin,
Die lagen mir alle noch klar im Sinn.
Aber auch hier ragten Straßen und Gassen,
Wie Protzen, die im Sonnenlicht prassen.
Wo blieb der Sandberg, das Wäldchen, die Wiese?
Ist Alles genommen als gute Prise
Für „Stadterweitrung", Trichinenschauhaus,

Wasserkunst, Morgue. War grad der Richtschmaus
Für die „elektrischen Werke" und ihren Palast.
Ein „Volksgarten" wuchs just aus einem Morast.
Selbst da, wo ichs erste Mädel geküßt,
Hat eine Kirche hingemüßt.
Bald lief ich im Städtchen die kreuz und quer
Nach meinen alten Gesichtern umher,
Und fand auch einige unter ihnen,
Die mir aus der Kindheit bekannt erschienen.
Alle waren schon grau und alt;
Es lag ihnen auf der Stirn ein Spalt,
Den die Sorgen hineingemeißelt,
Den das Leben hineingegeißelt.
Sprachen sich zwei im Vorübergehn,
Oder sah ich drei beieinanderstehn,
Hört ich nur stets von „Geschäft gemacht",
Von zweihundert, sechstausend Mark, drei Mark acht.
Da rannt ich von dannen und lief wieder fort
Aus meinem verzierbauten Heimatsort.
Doch eh ich mein Vaterstädtchen verließ,
Mein fortgeschrittenes Paradies,
Blieb ich noch einmal lange stehn,
Und mußte still, still auf mein Kinderland sehn:
Wie unrecht von mir, zu poltern, zu grollen
Und mit der „modernen" Hetzjagd zu schmollen.
Ich sollt mich doch freun, daß auch meine Stadt
Sich regte und hob aus dem ewigen Matt,
Daß sie sich dehnte, sich umsah und streckte
Und die schlummernden Keime weckte,
Daß sie mitgeht mit der Zeit
Und sich vom Schlendrian befreit.
Vorwärts denn! Los aus dem Dreck und Druck,
Sei Schweiß und Preis dein Ehrenschmuck!
Nur mir vergönne, mein altliebes Nest,
Nicht wiederzukommen: Den letzten Rest
Meines Lebens will ich mirs so bewahren,
Wie es war in den Kinderjahren.

Reisenotizen aus Kiel

Theodor Fontane

Donnerstag, 19. (Mai 1864)
. . . An Bordesholm vorbei, wo ein schöner See ist und die alten Könige (?) begraben sein sollen. Dann wird das Land hügliger, endlich schiebt sich eine unscheinbare Wasserspitze von rechts bis dicht an die Eisenbahn heran, es ist die äußerste Spitze des *Kieler Hafens.* – Um 9½ in Muhls Hôtel.
Freitag d. 20. (Mai 1864)
Flanirt in den Straßen Kiels und am Hafen. Das alte Schloß, ein ziemlich unschöner Bau (folgt Grundrißskizze) das fensterlose Parterre sehr hoch, fast die halbe Höhe des Ganzen, dann noch 3 Etagen. (Folgt Skizze einer schmucklosen Fassade.)
Bis vor dem Kriege war es von Herzog *Carl von* Schl. Holst. – Sonderburg – *Glücksburg* bewohnt. Jetzt ist es Lazareth. So sieht es auch aus. Oder Zuchthaus oder Landarmenhaus; nur die beiden schmalen Thürme, die sich anlehnen, deuten auf etwas Burg oder Schloßartiges.
Fast parallel mit dem Schloß, ebenfalls rechtwinklig auf den Hafen stehend, liegt die Universität, daneben in derselben Linie die Universität-Reitbahn. Beide sind gleich groß, gleich schön und gleich desolat; es war hohe Zeit, daß eine Concurenz wegen Bau eines *wirklichen* Universitäts-Gebäudes ausgeschrieben wurde. Wohl 6 oder 8 Arbeiten (oder noch mehr) sind eingegangen, deutsche, englische, französische – wir hatten Gelegenheit die Pläne, die gerade ausgestellt waren, zu sehn.
Die Ausstellung befand sich in einer Art Kunst-Akademie oder Kunst-Vereins-Lokal. Wir sahen auch dort die vorhandenen Oelbilder meist Unbedeutendes, doch einige interessante Blätter von Charles Ross (einem Holsteiner) ein *antikes Wandgemälde* (Original) Geschenk von dem „früh entschlafenen Knaben John Roß" und Max v. Schwind's „Kaiser Rudolfs Ritt nach Speier" ein sehr schönes und sehr schlechtes Bild – Der Kaiser famos, die jugendliche Rittergestalt mit dem Helmbusch auch, das Landschaftliche eigenthümlich anheimelnd, manche Feinheiten im Einzelnen und über die seltsame Farbe (ist) am Ende sehr wohl hinwegzukommen. Aber viele Figuren sind doch nur unbedeutend, oberflächlich charakterisirt und ohne die *Poesie,* die man bei Schwind erwartet.
Die Stadt voll von Militair, Leib Regiment und 48er, die alte Brigade Raven, aber auch 60. 64. 35. 53. Königin Augusta, 3. und 4. Garde-Regiment, westfälische Kürassiere.

Die ganze Jugend spielt Soldat. Auf allen Plätzen starke Trupps, sie sind erfinderisch und haben eine Phantasie Uniform von allem was ihnen am besten gefallen hat: schwarze Papp-Cylinder aus denen der rothe Husaren-Kolpack hängt, dazu Lanzen von den Ulanen Trommeln von der Infanterie, auf drei Mann immer ein Fahnenträger mit blau weiß roth in den Lüften.
Bald nach 11 Dampfschiff-Fahrt den Kieler Hafen hinunter. Erst: Schloß, dann Bade-Anstalt, dann Düstern-Broock, dann Bellevue, dann Holtenau, dann Friedrichsort, dann rüber nach Laboe auf der Propsteier Seite. *Laboe* ist ein wohlhabendes Schifferdorf und hat sich einen eignen kleinen Hafen angelegt; heut war dort Pfingstfest, eine Art Schützenplatz, wo die Propsteier Mädchen in rothen Röcken und allem Pomp ihrer Nationaltracht erschienen. Die Propsteier liefern das berühmte Saatkorn. Ihr Boden ist so schön und so eigen geartet, daß *jedes* eingestreute Korn aus der dürftigsten Gegend in Propsteier *Erde* auch Propsteier Korn giebt und als ächtes Propsteier Saatkorn verkauft werden kann. Sie verkaufen *all* ihr Korn und säen anderwärts Aufgekauftes, was billiger ist.
Auf der Rückfahrt in *Bellevue* abgestiegen. Sehr gutes Diner. Es ist so der Hauptvergnügungsort der Kieler und der Badegäste. Von Bellevue durch den Buchenwald von Düstern-Broock zurück in die Stadt.
Die Seeleute machen einen guten Eindruck; der Rest Durchschnitts-people von der Hamburger Sorte, dabei viel Wohlstand, ohne – namentlich in den Häusern – alle Pracht. Die Mädchen, namentlich der untern Stände, ziemlich hübsch, eher zart und gewandt als ramassirt, mehr Stadtkinder als bäurische Produkte. – Der Marktplatz malerisch, einige enge Gassen, die auf den Hafen niederführen auch malerisch, ebenso die Straßen in ihrer Schlängellinie, – sonst aber fehlt alles was architektonisch interessiren könnte: Schloß, Kirche (stattlich aber rohgotisch) Universität, Patrizierhäuser, – alles alt, rumplig, unbedeutend. Schönheit aber verleihen Lage, Natur, Hafen, Buchen und die bunte, malerische Anlage des Ganzen.
Die Buch- und Bilderläden sind mit „Bildern vom Kriegsschauplatz" überdeckt, „Hannemann-Carrikaturen" (von einem gewissen Maler Achilles) politische Satyren, Bilderbogen aller Art, Seitenstücke zu den Ruppinern.

Gottfried Benn an F. W. Oelze

B. 15 VII. 39.

Lieber Herr Oelze,

. . . Ein par Tage war ich in Kiel kommandiert, nicht sehr angenehm, alles sehr überfüllt, rauchig, russig, Docks u. Werften u. Kriegsschiffe, die nicht mein Fall sind. Allein das Hotel Bellevue, falls Sie es kennen, war meine Entdeckung, in dem ich nach dem Dienst allein die Abende verbrachte. Und der Blick von der Bahn über die Seen bei Malente, an denen ich vor 3 Jahren einige gedichtgebärende Wochen verbrachte, an die ich mit Rührung zurück denke . . .

Mit herzlichem Gruss Ihr
Be.

Für Handwerksleute eine sehr gute Stadt

Ludwig Holberg

8. SZENE: MEISTER GERT, EIN APOTHEKERGEHILFE

GERT: Ja, im Ernst, ich muß rein und die Geschichte erledigen. Aber da seh ich den Apothekergehilfen. Serviteur, Monsieur, auf ein Wort!

GEHILFE: Euer Diener, Meister Gert, Ihr wollt gewiß zu uns?

GERT: Ja, ich sollte wohl mit Eurem Fräulein sprechen. Ihr seid doch der Apothekergehilfe?

GEHILFE: Ja, gewiß, mein Herr.

GERT: Ich habe Euch noch nicht lange im Hause gesehen.

GEHILFE: Nein, ich bin erst seit acht Tagen hier in Stellung, aber ich war neun Jahre in einer Apotheke in Hadersleben.

GERT: Ei, ist das möglich? Ihr seid dort in Stellung gewesen?

GEHILFE: Ja, das war ich. Ist der Herr denn in Harslem bekannt?

GERT: Ja, gewiß bin ich in Hadersleben bekannt! Ich reiste einmal von dort nach Kiel, und ich vergesse diese Reise niemals. Unter anderen reiste mit mir ein Hutmachergeselle, eine brave, ehrliche Haut, der jetzt in Kiel wohnt und den ich für den besten Meister halte; alle Hüte, die ich seit langer Zeit trage, sind von seiner Hand, denn er macht sie so ehrlich und solide, wie nur irgendeiner in Jütland. Summa summarum: wir reisten zusammen nach Kiel, jeder in seinem Handwerk, dort unser Glück zu versuchen. Denn Kiel ist für Handwerksleute eine sehr gute Stadt, um vorwärts zu kommen. Ich weiß, viele meiner Bekannten kamen mit leeren Händen dorthin, aber bevor noch einige Jahre um waren, standen sie sich wie Gott in Frankreich. Denn die Sache ist die: es gibt dort wenig Arbeiter, und die Leute im Ort sind wohlhabend und bezahlen sehr gut. Außerdem ist dort alles sehr billig. Ich will dem Herrn kurz erzählen, wie zu meiner Zeit die Lebensmittelpreise standen: erstens gab man für das beste Stück Speck, das ein ehrlicher Mann in seine Erbsen tun wollte, nicht mehr als einen Lüb'schen Schilling.

GEHILFE: Ach, mein Herr, das ist zu weitläufig zu erzählen.

GERT: Zweitens für ein Pfund Ochsenfleich nicht mehr als einen Groschen.

GEHILFE: Ach, das hat ja nichts mit der Reise zu tun.

GERT: Drittens für eine halbe Tonne Butter nicht mehr als vier Reichstaler.

GEHILFE: Hört, Landsmann, ich will Euch rein heraussagen, ich habe keine Geduld, all das anzuhören.

GERT: Viertens für einen Stieg Eier nicht mehr als einen Lüb'schen Schilling.

GEHILFE: Was gehen mich Eure Eier, Butter und Speck an!

GERT: Fünftens für einen Krug französischen Branntwein nicht mehr als . . .

Ei, mein Herr, seid doch nicht so ungeduldig! Nun, ich will das mal beiseite lassen und von der Reise erzählen . . .

Abgesang auf die Kieler Straßenbahn

Bodo Heimann

Wenn sie das erstemal kam, am Morgen, die Vier,
pünktlich in Richtung Holtenau, wußten wir,
jetzt ist es Morgen, jetzt
beginnt wieder alles.

Im Frühling
mischte die alte Bekannte
ihr zuverlässiges Singen besonders
schön in die Wellen von Amselflöten.

Inzwischen hat man die pünktliche
nützliche Singende stillgelegt, die Schienen
herausgerissen, Busse
schwimmen eintönig im Autostrom.

Wie ich eben durch frühe Amselstimmen hindurch
aus Träumen auftauche, jetzt, denke ich,
üben sie schon für den Frühling, aber
etwas fehlt.

„Schlicht, aber von herber Eigenart"

Jost Nolte

... Ich will gar nicht behaupten, daß unsere Stadt ein steinernes Abbild von siebenhundert Jahren Geschichte gewesen sei, bis alliierte Flieger sie im letzten Krieg mit neunzig Bombenteppichen überzogen und zu 84 Prozent zerstörten. Sie war, bevor die Bomben fielen, ehrlich gesagt, ziemlich häßlich, und das verdankten wir auch den Preußen. Die Marine, die uns der Kaiser bescherte, sorgte für einen sogenannten atemberaubenden Aufstieg. Die Einwohnerzahl stieg von 30000 im Jahre 1866 schließlich auf das Achtfache, und dabei wurde auf Schönheit keine Rücksicht genommen. Man ließ stehen, was von der alten Stadt noch brauchbar war, aber man verschwendete weder Zeit noch Geld, es zu pflegen. Wichtiger war, daß die Zuziehenden untergebracht wurden, und zwischen all der Gründer-Scheußlichkeit und späteren Auswüchsen verkamen Gotik, Renaissance, Barock und Klassizismus, bis niemand mehr hinsah.
Wahr ist auch, daß wir mit unserem Stadtbild andere Städte nie herausfordern konnten. Voraussetzung für Baukultur ist nun einmal Wohlstand, und von ihm konnte bei uns — abgesehen von der kurzen

Handelsblüte im 13. und 14. Jahrhundert – zu keiner Zeit die Rede sein. Was Lübecker und Hamburger errichteten, konnten wir uns nicht leisten, und dem holsteinischen Adel, der sich bei uns anbaute, fehlte zwar nicht das Geld, wohl aber der Bürgersinn, der anderenorts die Patrizier beflügelte. Im Urteil der Städtebaukritiker mußten wir uns darum allzeit mit der Note „schlicht, aber von herber Eigenart" begnügen.

Trotzdem – es war unsere Geschichte, die sich in unserem Stadtbild niedergeschlagen hatte, und als alles in Trümmern lag, hätte man wenigstens einige Akzente in die Zukunft hinüberretten müssen. Man machte einen Anfang, als man die Nikolai-Kirche im Respekt vor der frühgotischen Kraft unseres ältesten Sakralbaus erneuerte, wobei man freilich auf die vier charakteristischen Ecktürmchen am großen Turm verzichtete. Schon auf die Gelehrtenschule aber verzichtete man ganz. Sie war im Jahre 1320 gegründet worden, und ihr Hauptgebäude hatte als unaufdringliches aber überzeugendes Beispiel der Hochgotik gegolten. Man verzichtete am Schloßgarten auf die in den siebziger Jahren des 19. Jahrhunderts von begabten Schinkel-Schülern – einer von ihnen hieß übrigens auch Gropius – errichtete nachklassizistische Universität, auf deren Freitreppe die überlebensgroßen Standbilder von Platon, Solon, Hippokrates und Aristoteles die vier Fakultäten verkörpert hatten. Man verzichtete auch auf die „persianischen Häuser": Sie hatte Herzog Friedrich III. in den dreißiger Jahren des 17. Jahrhunderts errichtet, als er – was ihm leider mißlang – den persischen Seidenhandel auf dem Weg über Moskau in unsere Stadt ziehen wollte, und sie hatten durch drei Jahrhunderte dem Markt zur anheimelnden Zierde gereicht. Man verzichtete sogar auf das Alte Rathaus: Es war 1596 gebaut worden, als wir die Renaissance gerade erst entdeckt hatten, und vor seinem Portal war 1848 der Freiheitsruf ertönt.

Aus den Resten des Schlosses aber machte man einen modernen Zweckbau, der seine Ursprünge im 13. Jahrhundert so wenig ahnen läßt wie seine spätere Historie: Immerhin hatte uns in diesen Mauern Christian I. die „tapfere Verbesserung" eingeräumt. Immerhin hatten wir von hier aus das russische Herrscherhaus mit einem Zaren beliefert, mit Peter III., der ein Sohn unseres Herzogs Karl Friedrich und Anna Petrownas, der Tochter Peters des Großen, war. Und immerhin war uns im Weißen Saal des Schlosses, ob es uns nun gefiel oder nicht, das Reskript verkündet worden, mit dem sich Wilhelm I. auf Bismarcks Betreiben zu unserm Herrn und König erhob.

Das alles hat man ausgelasssen, als man die Stadt nach 1945 neu erstehen ließ, und natürlich ließ man auch die Adels- und Bürgerhäuser aus. Man löschte die Spuren der Vergangenheit und setzte auf die Zukunft, wie man sie verstand: zweckmäßig, sogar mit viel Schwung und durch Hafenanlage, städtisches Grün und Binnengewässer zum Glück noch immer liebenswert, aber ohne die historische Dimension. Als man merkte, daß der Stadt die Eigenart verlorenging, griff man zum Allheilmittel, das Fußgängerzone heißt (eine im übrigen gewiß begrüßenswerte städtebauliche Lösung, für die ich mich in unserm Blatt, da sonst nichts mehr zu retten war, entsprechend einsetzte), und den Alten Markt stellte man mit komisch-modischen Buden in Prismen-Gestalt voll. Die Chance, die Geschichte in die Zukunft mitzunehmen, war vertan, und ich fürchte, für die Menschen in unserer Stadt, für ihr Zeitverständnis und ihr Selbstbewußtsein, hat dieses Versäumnis bedauerliche Folgen . . .

Aus den Tagebüchern (1843)

Hans Christian Andersen

Dienstag, der 13. Juni
. . . Regen und Wind auf der Heide! Die neue Eisenbahn. In Neumünster nahm ich die Extrapost nach Kiel. Ein junger Ingenieur, Hermann Kauffmann aus Rendsburg, bat, mitfahren zu dürfen. Stieg in Kiel im „Hotel Stadt Hamburg“ ab, wo die Leute sehr freundlich waren. Traf Lehmanns Bruder auf der Straße. Besuch von Sommer und Thaulow, trank Porter und Punsch. Sinnlich. Der Sturm legte sich. Stilles Wetter.

Mittwoch, der 14. Juni
Kopfschmerzen, Diarrhöe, Wind.

Im vollsten Aufblühen begriffen (um 1900)

Jules Huret

Kiel macht beim ersten Anblick einen langweiligen und uninteressanten Eindruck. Man scheint hier nicht wie in anderen deutschen Städten auf jene Sauberkeit und kokette Eleganz Gewicht zu legen, die für den Fremden so bestrickend sind. Bei der Ankunft gewahrt man keine großen Hotels, keine Blumenbeete und grünen Promenaden, sondern dicht beim Bahnhof am äußersten Ende der Reede und dem Meer gegenüber vier ungeheure Hallen, die sich nach dem Wasser zu öffnen: es sind die Germania-Werften der Firma Krupp. Sie verursachen ein betäubendes Getöse, Tausende von Hammerschlägen gehen auf Eisen nieder und widerhallen unter den Glasdächern, die das Klirren und Dröhnen noch vermehren. Ein außerordentlich unangenehmer Empfang! Es ist Krupp und immer wieder Krupp! Jetzt erblicken wir auch eine Statue von ihm und zwei Standbilder von Kaiser Wilhelm I., sowie eins von Bismarck. Wir befinden uns in Holstein . . .

Die alte Stadt mit ihren engen, schmutzigen, bis ans Wasser herabführenden Straßen und ihren zahlreichen Straßenbahnen liegt eng zusammengedrängt am Fuße eines Hügels, auf welchem sich die modernen Stadtteile ausbreiten. In ihr vereinigt sich das gesamte Geschäftsleben. Die Stadt mit ihren 170000 Einwohnern ist im vollsten Aufblühen begriffen. Auf den Hafenkais bricht man die alten Häuser ab, um sie durch Hotels und moderne Läden zu ersetzen. In dieser Stadtgegend liegt auch die Universität, ein wirres Durcheinander von stillosen roten und gelben Backsteingebäuden, die ebenso finster dreinschauen wie das graue, halb kasernenhafte und halb gefängnisartige Schloß des Prinzen Heinrich, dessen Mauern bis oben hinauf von mächtigen Bäumen beschattet werden. Steile Straßen führen zu den neuen Stadtvierteln, die seit Eröffnung des Kanals rasch emporwachsen. Sie sind wahrscheinlich von Spekulanten erbaut worden, denen es mehr um Profit als um die Kunst zu tun war, und machen einen trübseligen Eindruck, fast so trübselig wie die Arbeiterviertel von Lille oder Roubaix mit ihren großen, aneinanderstoßenden Mietskasernen und ihren kahlen Plätzen, die lebhaft an vereinsamte Exerzierplätze erinnern.

Vom Gipfel dieses Hügels hat man eine herrliche Aussicht auf die prachtvolle, lichtschimmernde Kieler Bucht, auf deren ungeheurer Weite die Panzerschiffe wie winzige Boote wirken. Jenseits der Bucht, auf einem mit Feldern und Weiden bedeckten Berge, ragen hier und da zwischen schützenden Bäumen kleine weiße Häuser hervor. Zur Linken, nach dem offenen Meere zu, dicht bei der schmalen Hafeneinfahrt, die diese Bucht verschließt, bewachen ein Leuchtturm, eine Anzahl von Kasernen und ein Standbild Wilhelms I. den Zugang zum Kanal. Der Abhang des sandigen Hügels, der diesen Rundblick gewährt, ist von einem dichten Wald bedeckt, und man fühlt sich versucht, in diese grünen Waldungen einzudringen, die sich bis ans silberne, glitzernde Wasser hinabziehen. Dann entschwindet alles, Stadt und Meer, und man sieht nichts mehr als schlanke, hochragende Föhrenstämme und Buchen und nadelbesäte Fußwege. Und hier am Saume des Waldes, einsam und friedlich wie auf ganz abgelegenem Lande, lugen zwischen frischem Grün und blühenden Bäumen glyzinienumrankte Villen hervor. Wir setzen den Abstieg auf neuentstandenen Wegen fort; von Zeit zu Zeit sieht man zwischen den einzelnen Beständen hindurch das Wasser aufblitzen. Die Villen treten enger zusammen, bald bilden sie ganze Straßen: wir befinden uns in einem eleganten Stadtteil, der von Kaufleuten, Industriellen, Offizieren und hohen Beamten bewohnt wird. Man zeigt mir die Villa Herrn Dilisans, des reichsten Mannes von Kiel, desjenigen, der während des letzten Krieges die Kohlen für die russische Flotte lieferte und dabei Millionen verdiente. Ganz dicht am Wasser, von dem sie nur durch einen Promenadendamm getrennt ist, steht die „Seebadeanstalt", ein Hotel, das Krupp vor einigen Jahren auf den Wunsch des Kaisers gebaut hat. Daneben das Kaiserliche Jachtklubhaus.

Großstadt – nur der Einwohnerzahl nach (um 1900)

Alfred Lichtwark

. . . Bis zur Seebadeanstalt reicht heute der Stadtkern von Kiel. Alle Lebensmächte, die die Entwicklung bestimmt haben und noch bestimmen, sind, wie es sonst nirgendwo vorkommt, dem Gelände angepaßt in langer Linie hintereinander aufgereiht, Kirche, Schloß, Universität, Marineakademie, Seebadeanstalt.
Aber die Stadt reicht weiter. Am jenseitigen Ufer gehören die großen

Werften dazu, von Holtenau her grüßen die neuen Torpedokasernen am Torpedohafen, und das früher wie eine ferne Nachbarstadt im Abendlicht leuchtende Friedrichsort mit seinen Kasernenbauten erscheint heute schon zur Stadt gehörig. Die ganze Föhrde ist jetzt der Marine untertan. Die Marine hat Kiel, das vor einem Menschenalter nicht viel mehr als zwanzigtausend Einwohner zählte, auf gegen hundertfünfzigtausend gebracht.
Ältere Hamburger, die Kiel in der Mitte des neunzehnten Jahrhunderts gekannt haben, müssen sich erst besinnen, daß Kiel eine Großstadt geworden ist.
Kiel ist es freilich wie fast alle heutigen Großstädte nur der Einwohnerzahl nach, nicht durch Leistungen, die über die mechanische Einrichtung des Lebens hinausgehen. Es könnten Dutzende von solchen Großstädten in Europa vom Erdboden verschwinden, ohne daß die Menschheit um ein Atom an wertigem Besitz ärmer würde.
Wir müssen uns daran gewöhnen, in den heutigen Großstädten, in der modernen Stadt überhaupt, etwas anderes zu sehen, als in der antiken oder mittelalterlichen. Sie formt keinen geschlossenen Organismus mehr. Sie hat keine Bürger, sondern nur Einwohner. Sie verlangt nichts von sich, ihre Einwohner verlangen nichts von ihr, niemand wundert sich, wenn sie nichts anderes leistet als mechanische Verwaltungsarbeit der Polizei-, Sicherheits-, Versorgungs- und Reinigungsdienste.
Wenn es gelänge, die schlafenden Stadtseelen zu wecken? Oder sind sie tot für immer?

Über die niedlichen Dienstmädchen

Jens Baggesen

Kiel, den 31sten May. (1793)

. . . kann ich mich nicht enthalten, Ihnen etwas über die niedlichen Dienstmädchen zu sagen, von denen es hier auf den Gassen wimmelt. Ihre fast durchaus schöne Bildung, netter Wuchs, schwarze Augen, und lebendige Bewegung – Alles in eine nette, zierliche, und kleidende Tracht eingehüllt, stach mir schon das letztemal, als ich hier war, gleich in die Augen. Ob sie so zipp sind, als rein, davon kann ich nichts nachsagen; aber gewiß ists, daß sie niemals eines Korbes bey vorfallender Gelegenheit ermangeln. Alle, die ich gesehn, waren mit dieser furchtbaren Wehr ausgerüstet; sie tragen sie bald auf dem Kopfe, wie einen Helm, bald auf dem Arme, wie ein Schild; und sicherlich gehört nicht wenig Muth dazu, ihren Lieblichkeiten zu begegnen, wenn sie in dieser Rüstung einherhüpfen. Man hat mir freylich gesagt, sie bedienten sich dieser außerordentlich großen Strohkörbe mehr, die Rosen und Lilien ihres Gesichts gegen die Sonne, als ihre Herzen gegen den Angriff von Freyern zu beschirmen; und ich finde nichts Unnatürliches darin. Das Herz eines Mädchens ist geschaffen, verlohren zu werden; – nicht im Verlieren davon steckt der Fehler; sondern in der Art, wie es verlohren wird. – – O! möchten alle die, welche das ihre noch nicht verlohren haben, es auf die beste, angenehmste und glücklichste Art verlieren!

Aus dem Reisebericht des Begleiters des französischen Gesandten Grafen d'Avaux (1637)

Charles Aubery du Maurier

Nachdem ich Lübeck besucht hatte, nahm ich mir vor, auch die Stadt Kiel, lateinisch Chilonium genannt, in Augenschein zu nehmen; es ist dies ein berühmter Hafenplatz in Holstein, wo eine Menge Schiffe aus Dänemark, Schweden, Finnland, Livland, Preußen, Pommern und Mecklenburg anlaufen, die dort alle möglichen Sorten von Waaren hinbringen. Jährlich im Monate Januar, um Antonitag, wird in Kiel mehrere Tage hindurch eine weltbekannte Zusammenkunft gehalten, auf welcher alle Holsteiner, welche Gelder schuldig sind, weß Standes sie auch seien, verpflichtet sind, selbige ihren Creditoren zu entrichten, bei Gefahr, für „Schelme" gehalten zu werden, d. h. für Schurken, die des Umganges mit Menschen unwürdig sind, die man weder besuchen, noch mit denen man essen und trinken darf. Diese regelmäßige Pünktlichkeit in Bezahlung der Schulden ist es, welche Gelegenheit zu dem deutschen Sprüchwort „holsteinsche Glaub" gegeben hat; es soll ausdrücken, daß man in diesem Lande pünktlicher als irgendwo ist, sein gegebenes Wort zu halten.

So lange diese Versammlung dauert, sieht man ganz Holstein in der Stadt Kiel; denn da der Verkehr des täglichen Lebens in Ausleihen und Anleihen besteht, so müssen die Schuldner in dieser Zeit ja dafür sorgen, daß sie ihre Creditoren durch Versprechungen oder durch Zahlung irgendwie zufriedenstellen; der, welcher dies nicht thut, ist mit Schande befleckt und darf sich nirgends mehr blicken lassen. Während dieser Zeit sah man in Kiel nichts als Schlitten durch die Straßen fahren, mit großen Säcken voll Reichsthalern beladen, und wenn man durch die Stadt ging, hörte man beständig in allen Häusern das Geklapper des Geldzählens.

Bei dieser Gelegenheit sah ich denn auch in Kiel die ganze Noblesse von Holstein, so wie verschiedene Standespersonen aus Dänemark. Ich sah unter Andern Josias Rantzau, der damals den französischen Kriegsdienst verlassen hatte, später aber wieder in denselben eintrat und mit der Zeit Marschall von Frankreich wurde; ich machte auch persönliche Bekanntschaft mit ihm. Er hatte sich vor Kurzem verheirathet und erging sich, so lange der Umschlag dauerte, in der unerhörtesten Unmäßigkeit, so daß einige Franzosen, welche mit ihm dort waren, darüber erstaunten. Sein Wundarzt erzählte mir unter Anderem, daß, wenn er berauscht sei, er sich im Bette rasiren lasse, während gewöhnlich der Kopf zu unterst zu den Füßen des Bettes liege. Ich lernte dort auch Herrn Christian Ulrich (Güldenlöwe), natürlichen Sohn des Königs Christian des Vierten, kennen, welcher unter den Spaniern in den Niederlanden diente und der sich seitdem so sehr bei der Belagerung von Kopenhagen ausgezeichnet hat; es war ein Mann von schlankem Wuchse und einnehmender Persönlichkeit. Herr von Bielke, gegenwärtig einer der Admiräle des dänischen Reichs, war damals ebenfalls in Kiel. Als ich den Tag vor meiner Abreise hinging, um diesen Herren Lebewohl zu sagen, fand ich zuerst in einem großen Saale zehn oder zwölf menschliche Körper auf dem Fußboden ausgestreckt, und nachdem ich so gut als möglich über sie hinweggestiegen war, trat ich in ein an dem äußersten Ende befindliches Zimmer, wo ich die Herren Güldenlöwe und Bielke mit Anderen ihrer Gesellschaft in gleicher Weise auf der Erde liegend erblickte; weil sie aber alle in Wein und Schlaf begraben waren, zog ich mich, ohne von irgend

Jemand bemerkt worden zu sein, wieder zurück und mußte, da die Stunde meiner Abreise drängte, mich, ohne Abschied von ihnen nehmen zu können, entfernen . . .

Kiel

Resi Chromik

Dies ist mein Ort
die Straßen weiten sich
gerade sind die Menschen
und mögen sich

ein bißchen kühl
und zugeknöpft
in Mantelkrägen nur
wenn Regen schräg
aufs Pflaster fällt.

Ein guter Wind
trieb mich
in diese Stadt
nun bläst er
wo er will

und manchmal
ins Gesicht.

Spaziergang durch die Stadt - Kieler Stationen

Gleis 8, Güterbahnhof Kiel

Wolfram Eicke

Hier wurde vor 60 Jahren die Nagelfeile erfunden. 6. Mai 1927: Der Packer Heribert Steinweg sortierte Filzballen. Sie waren für den Güterzug nach Plön bestimmt, wo ja bekanntlich im Sommer 1927 besonders viel Filz benötigt wurde. (Anmerkung: Insgesamt handelte es sich um 6800 Quadratmeter). Die Arbeit ging schleppend voran, Steinweg verhakte sich ständig mit der Spitze eines angerissenen Daumennagels im groben Gewebe. Das war äußerst lästig. Übellaunig versetzte er dem Filzhaufen einen Tritt in die Seite und bemerkte, daß seine Schuhsohle schon wieder durchgescheuert war. Was für ein schlechter Tag! Erst der Daumennagel, und nun auch noch ein Loch im Schuh. Dieser elende Sandsteinbelag! Die rauhe Oberfläche der Bahnsteigkante hatte den Packer zum Dauerkunden beim Schuster gemacht. Wütend starrte er abwechselnd auf Schuhsohle, Nagelspitze und Steinboden. Plötzlich hielt er inne. Ein Gedanke. Kurzentschlossen bückte er sich und rieb die Spitze des Daumennagels mehrmals kraftvoll am körnigen Gestein. Er hatte die Lösung gefunden: Sein Daumennagel war tadellos glattgeschliffen. Nichts hakte mehr im Filz, als Steinweg beschwingt wieder seine Arbeit aufnahm.
Zu Hause erzählte er nicht ohne Stolz von seiner Entdeckung.
Sein geschäftstüchtiger Schwager verhandelte kurz darauf mit einem Fabrikanten, der schon acht Wochen später die ersten Steinweg-Manikürefeilen auf den Markt brachte — Miniaturnachbildungen der Bahnsteigkante von Gleis 8 des Kieler Güterbahnhofs. Sie fanden reißenden Absatz. Aus Gründen der Materialersparnis produzierte die Fabrik jedoch von Jahr zu Jahr flachere Bahnsteigkanten, die aber ebenso zuverlässig ihren Dienst erfüllten. Nach der Steinkrise von 1931 ging man dazu über, die Feilen aus dünnen, aufgerauhten Stahlstreifen herzustellen. Das ist der Grund, warum heutige Nagelfeilen keinerlei Ähnlichkeit mit Bahnsteigkanten haben.

Heimkehr in der Besatzungszeit

Harald Eschenburg

. . . Wilhelm verfrachtete man nach Uelzen, wo er endgültig aus der Großdeutschen Wehrmacht entlassen wurde. Fünf Mark Handgeld, grüne Reisemarken für zwei Tage, legale Marschpapiere, nicht einmal wegen einer Reisegenehmigung brauchte er anzustehen. Es ging alles reibungslos. Sogar die Entlausung. Die Engländer verstanden sich auf die Verwaltung von Kolonialvölkern: viermal Fingerabdrücke von jedem Untertan der britischen Majestät. Aber was nützte der schönste Marschbefehl oder eine glücklich ergatterte Reisezulassung, wenn der Zug hoffnungslos überfüllt war? Nur in den Erster-Klasse-Wagen, an denen „For British forces only“ angeschlagen stand, saß kaum ein Tommy. An den übrigen hingen Menschentrauben. Der Fahrdienstleiter zerrte die Puffer- und Trittbrettfahrer einzeln herunter. Wilhelm ließ sich von einem Kameraden durch das eingeschlagene Lokusfenster in den anfahrenden Zug hieven. Nur weil er keinerlei Gepäck besaß, gelang das lebensgefährliche Kunststück. Der Heimkehrer, der nun schon vierzehn Stunden auf der Bahn lag, wachte auf, als der Zug gegen zehn Uhr anruckte. Neues Schneetreiben hatte eingesetzt. Wenn die Maschine noch drei Stunden durchhielt – sie kam auf den tief verschneiten Gleisen nur langsam vorwärts –, hatte er das Ziel erreicht, ein Gefühl wie als Kind vor der Bescherung zu Weihnachten, wenn der Zeiger der Uhr nicht vorrücken wollte.

Am Sackbahnhof waren nur die Gleise noch oder wieder heil. Auch die Ostfassade mit dem Sandsteinwappen des Kaiseradlers über dem Relief des Merkur stand noch. Das Hallendach jedoch glich einem Gerippe, die Innenstadt einem einzigen Trümmerhaufen. Vom Bahnhof war der Blick bis zum Rathaus freigebombt. Nur der Rathausturm stand unversehrt. Die katholische Kirche daneben hatte den Helm verloren. Trostlos das Bild des Hafens. Da ragten mehr Wracks aus dem Wasser, als die deutsche Flotte in Scapa Flow zurückgelassen hatte. Das Ostufer – eine einzige Schuttwüste! Aber die Straßen, die vom Bahnhof in alle Richtungen führten, waren aufgeräumt. Selbst am Feiertag klopften Arbeitskolonnen den Mörtel von den Ziegeln, fleißig, ohne uniformierte Aufsicht. Sie sahen nicht nach Bauarbeitern aus, er entdeckte viele Frauen dazwischen. Wilhelm wußte noch nichts vom Freiwilligen Aufräumdienst, zu dem Oberbürgermeister Bratt aufgerufen hatte.

Kaum zu fassen, da kam die liebe alte Linie 1 angeklingelt, die ihn in die Nähe der Tirpitzallee bringen würde. Sogar die Scheiben der Straßenbahn waren heil. Noch immer ging es durch Trümmer. An Karstadts Ruine vorbei, von der Stadtkirche war nur das Gemäuer des Mittelschiffs übriggeblieben, das Schloß war ausgebrannt, Hotel „Stadt Schleswig" vom Erdboden verschwunden, die Universität ein Steinhaufen. Kaiser Wilhelm I., hoch zu Pferde, kehrte ihr wie ehedem den Rücken zu. Roß und Reiter hatten die Bombenteppiche nichts anhaben können.

Die Bahn bog in die Braunschweiger Straße ein. Der Antiquar Wulfen, bei dem Wilhelm gelernt hatte, arbeitete auch am Neujahrstag im Laden. Er konnte wohl von seiner alten Gewohnheit nicht lassen. Die beiden Schaufenster waren zur Hälfte mit Latten vernagelt, nicht mehr so vollgepfropft wie früher. Von der Wohnung darüber stand nur noch ein Zimmer.

Der Hoffriseur und die Klinik Dr. Labesius, wo Ingrid, Wilhelms Frau, in den dreißiger Jahren als Laborantin gearbeitet hatte, waren verschont geblieben. Die Universitätsbuchhandlung Müllerbach und das Schulbuchgeschäft von Herzen existierten nicht mehr. Jetzt war Wulfen also König. Sollte Wilhelm bei ihm wieder anfangen?

Die Straßenbahn hielt in der Verlängerung der Tirpitzallee. Von Westen grüßte noch immer der brave dicke Wasserturm herüber, häßlich, aber vertraut. Nur jedes dritte oder vierte Haus war in dieser Gegend beschädigt, ab und zu sah man noch die Lücken von Volltreffern. Wilhelm ertappte sich dabei, wie er plötzlich zu laufen anfing, als käme es auf die paar Minuten an.

Vor ihm ragten die verschneiten Äste des Buchengehölzes auf. Noch nicht abgeholzt? Ein gutes Zeichen. Aber dann stand er vor den Mauerresten seines Elternhauses. Von Seelunds Mansarde war nichts mehr übriggeblieben. Vom Langfeldschen Badezimmer war die Fassade abgeschlagen, die Wanne hing halb heraus, die Kacheln glänzten wie poliert. Durch die Fensterhöhle des Eßzimmers wurde das Riesenbüfett sichtbar, niemand hatte es bergen können, das schwere Biest! Es hätte viel Brennholz abgegeben. Auch das Treppenhaus war zerstört. Wilhelm kletterte durch die Trichter des Vorgartens. In die dritte Mulde war ein Schild gerammt: „Langfeld jetzt Graf-Spee-Platz 7 bei Irene v. Hochhirsch. Seelund verzogen nach Nietzscheweg 22."

Wilhelm dachte an den Hausmeister Seelund, der, obwohl Kommunist, ein umgänglicher Hausgenosse der Langfelds gewesen war. Er hatte die ganze Entwicklung kommen sehen und war nach anfänglicher Verzweiflung über den Hitler-Stalin-Pakt davon überzeugt, mit dem Angriff auf die Sowjetunion würde Hitlers Ende besiegelt sein.

„Junge, Wilhelm, wer die Rote Armee überfällt, verbrennt sich nicht nur die Finger, mit dem fahren sie Schlitten, da bleibt kein Auge trokken. Denke an Seelund, wenn wir uns gesund wiedersehen", hatte er gesagt.
Wäre die Tafel an der Tirpitzallee nur nicht so verwittert gewesen! Am Ende würde Wilhelm auf dem Graf-Spee-Platz auf einen erneuten Hinweis stoßen. Dann hätte seine Schwester Irene, falls sie noch lebte, alles verloren. Erneut begann es zu schneien. Wilhelm setzte sich in Trab. Erst jetzt merkte er, daß die Tirpitzallee neuerdings Reichpietschallee hieß. Wäre das Haus heil geblieben, sein Vater hätte es sicher verkauft. Der Name des meuternden Heizers wäre für den alten Herrn als Adresse auf seinem Briefkopf unvorstellbar gewesen.
Auch auf dem Graf-Spee-Platz stach das neue Straßenschild in die Augen. Wo früher gestanden hatte „Graf von Spee, Befehlshaber des Kreuzergeschwaders" stand jetzt „Graf von Spee, berühmter Anatom". Entmilitarisierung . . .

Es herrschte ein ausgesprochener Kastengeist (um 1905)

Käte Frankenthal

. . . Kiel war Sitz einer Universität, Marine-Akademie und Kriegshafen. Das gab dem gesellschaftlichen Leben das Gepräge. Es herrschte ein ausgesprochener Kastengeist, wobei der hohe Adel eine große Rolle spielte. Verschiedene Mitglieder des Kaiserhauses studierten oder dienten in Kiel, und der Bruder des Kaisers hatte seine ständige Residenz dort. Das Straßenbild war belebt von den Uniformen der Offiziere und den bunten Mützen der Studenten. Die Töchter der Bürgerfamilien wurden im allgemeinen streng behütet vor den gelegentlichen demokratischen Tendenzen dieser jungen Leute. Es war eine selbstverständliche und akzeptierte Tatsache, daß eine feudale Studentenverbindung nicht die Tochter eines unteren Beamten einladen konnte, und eine Bürgerliche gehörte nicht in einen adligen Kreis. Zwischen den Gruppen herrschte keine eigentliche Feindseligkeit, sondern völlige Fremdheit und nur Mißtrauen bei gelegentlichen Annäherungen. Es waren keine Klassen, die den Ehrgeiz erweckten herüberzugleiten, sondern abgeschlossene Kasten, bei denen es kein Eindringen gab und um die man sich wenig bekümmerte. Viel Gemeinschaftsgeist gab es nicht.

Wenn Prinzessin *Heinrich* einen Wohltätigkeitsbasar veranstaltete, gingen wohl die meisten Bürger hin, um sich jene Kreise mal aus der Nähe anzusehen. Sie gaben wohl auch viel Geld aus, um von irgendeiner Hoheit eine Kleinigkeit zu kaufen, aber für welches Stift adeliger Damen oder einen ähnlichen Zweck das Geld bestimmt war, interessierte nicht. Andererseits, wenn die Stadt eine Veranstaltung traf, wurde bekannt gemacht, welche Hoheiten ihr Erscheinen zugesagt oder Spenden gemacht hatten. Das war für bestimmte Kreise ein Anreiz, auch dabei zu sein. Der Zweck der Veranstaltung war wiederum weniger interessant für die Hoheiten, umstürzlerische Zwecke verfolgte die Stadt nicht. Die Kasten besuchten sich gegenseitig, ohne sich dabei näher zu kommen.

Zu den offiziell geladenen Gästen gehörte immer auch die jüdische Gemeinde, deren Vorsitzender mein Vater *(Julius Frankenthal)* war. Die jüdische Gemeinde war klein und hatte eine ziemlich große Zahl von Armen. Es war selbstverständlich, daß die jüdischen Armen nie der öffentlichen Wohlfahrt zur Last fielen. Es war aber ferner selbstverständlich, daß die jüdische Gemeinde für kommunale oder allgemeine Wohlfahrtszwecke erhebliche Spenden machte. Auf dieser Basis genossen die Juden ein gutes Ansehen, und es wurde nicht beanstandet, wenn auf der Liste der offiziell Geladenen bürgerlich-jüdische Namen zusammenstanden mit dem hohen Adel. Ich durfte oder mußte vor Prinzessinnen knixen und ihnen sagen, wie ich heiße und wie alt ich bin. Ich wußte sehr bald, daß unser eigentlicher Name bei solchen Gelegenheiten war: „Die jüdische Gemeinde" und daß das nicht viel war. Aber ich konnte in der Schule davon erzählen und wurde darum beneidet. In der Schule gab es kein jüdisches oder antisemitisches Problem, es waren zu wenige Juden da. In keiner der zwanzig Klassen, zehn Parallel-Klassen, war mehr als eine Jüdin. Es war daher natürlich, daß meine Freundinnen ausschließlich Nicht-Jüdinnen waren.

Der Zufall wollte es, daß meine ersten Freundinnen dem hohen Adel angehörten. Sie waren sehr mittelmäßige Schülerinnen, aber es war deutlich fühlbar, daß sie von den Lehrern mit besonderer Zuvorkommenheit behandelt wurden. Sie waren eine Art Elite in der Klasse, obwohl sie durchaus nicht zur Elite der besten Schülerinnen gehörten.

Die Mädchen kamen gern zu mir und das war verständlich. Unser

Heim war eine Art Kinder-Paradies.* Es war ein großes Haus, und die oberste Etage war ausschließlich das Reich der Kinder. Dort konnten wir niemanden stören und niemand störte uns. Wenn das Wetter es irgendwie erlaubte, kamen wir aber dem Haus gar nicht nahe, sondern verlegten das Feld unserer Tätigkeit in den großen Garten. Dort teilten wir unsere Aufmerksamkeit zwischen dem Spielplatz mit Schaukeln und Turngeräten und den Obstbäumen und Beerenhecken. Nichts war verboten, das fiel mir zuerst auf an den Fragen der anderen Kinder. „Dürfen wir denn das?", hörte ich die erstaunte Frage, wenn ich vorschlug, Obst zu pflücken, auf dem Rasen zu lagern oder die Küche heimzusuchen. „Ja, warum nicht?" Etwas anderes hätte ich nicht zu erwidern gewußt.

Manchmal besuchte ich meine Freundinnen. Ich fühlte mich dort beengt, aber nicht aus dem Gefühl heraus, daß das Milieu zu aristokratisch war. Es war eben eng. Im Nebenzimmer waren Erwachsene, da durften wir nicht viel Lärm machen. Zum Kaffee wurden wir hereingerufen, mußten am Tische sitzen und auf freundliche Fragen artige Antworten geben. Es war kein Zweifel, daß es bei uns hundertmal schöner war. Ich verstand vollkommen, daß meine Freundschaft viel begehrt war und daß ich den Kindern eine Gunst erwies, wenn ich vorschlug, zu uns zu gehen.

Das gesellschaftliche Ereignis im Kinderleben waren die Geburtstagsgesellschaften. Als die Kinder heranwuchsen und dem Backfischalter nahe kamen, wurden es richtige Gesellschaften. Wer zum Geburtstag eingeladen war, gehörte zum Freundeskreis. Daß die besten Freundinnen, mit denen man fast täglich zusammen war, eingeladen wurden, war ja selbstverständlich . . .

---

* Von 1899–1909, also ab dem 10. Lebensjahr von *Käte Frankenthal* wohnte die Familie am Knooper Weg 57 in Kiel, ein Grundstück von 960 qm in bester Lage.

Kiel hat kein Geld . . .

Hans Holtorf

. . . So blieb ich einstweilen in Kiel, vielmehr ich siedelte nun ganz dorthin über, es war das Gegebene, und vielleicht war es gut so.
In Kiel lebten zwei alte Fräulein *Otzen*, die und deren Eltern mein Vater von Jugend auf kannte, ihnen auch mit seiner Kenntnis der Gesetze behilflich gewesen war, als Unglück über die Familie hereinbrach. Diese beiden Jüngferlein also, die bessere Tage gesehen hatten, ernährten sich dadurch, daß sie Klavierunterricht gaben und Zimmer vermieteten. Was lag wohl näher, als bei ihnen eines Zimmers, einer Studentenbude wegen anzufragen? Der Zufall wollte es, daß gerade ein Mieter auszog, und so nahmen sie mich, den Freundessohn, mit Herzlichkeit auf.
Es will sich gebühren, daß ich hier einen Augenblick verweile. Der Mensch in einer Lage wie der meinen braucht ein Stück engster Umgebung, wo nicht ein Haus, so wenigstens ein Zimmer, eine Kammer, das bildsam ist, das seine Farbe, sein ausstrahlendes Leben annehmen kann, um ihm in schwachen Stunden die empfangene Wärme zurückgeben zu können. Es ist nicht mehr die Heimat, die ihn trägt und wachsen läßt, aber in das Neuland, das er betritt, muß er seine Wurzeln schlagen können, und wäre es auch nur vorübergehend. Nicht jede Umgebung läßt sich gewinnen, mag man sie auch umwerben, soviel man will. Menschen, die lange in unbesiegbaren Kasernen-, Internats- und ähnlichen Stuben haben leben müssen, machen oft den Eindruck einer Pflanze, die unter Frost gelitten hat. Das *Otzen*sche Zimmer hingegen war wie ein lockerer, molliger Mutterboden, der meine Würzelchen bereitwilligst aufnahm und ihnen Kraft gab, so daß es von dieser Basis aus nicht schwerfiel, die unendlichen neuen Eindrücke zu verarbeiten und die Stürme der Welt – wenngleich sie auch nur Kiel hieß – selbständig zu bestehen. Das Zimmer gehörte zwar zu einem großen, unschönen Mietshaus neueren Datums, aber es lag im dritten Stock und hatte einen kleinen Erker mit drei Fenstern nach drei verschiedenen Richtungen. So sah ich mehr Himmel, als man gewöhnlich inmitten eines großstädtischen Häusergewühls zu sehen pflegt, und auch die enge, häßliche Straße, die ich in ihrer ganzen Länge durch die beiden seitlichen Fenster überblicken konnte, machte sich von hier oben herab ganz bieder und anheimelnd, besonders in der Dämmerung, wenn die Formen etwas zusammenwuchsen und die ersten Lichter hinter den Fenstern aufleuchteten. Vom nahen Rathausturm er-

klang alle Viertelstunde das Glockenspiel, und das nun wirkte geradezu rührend, obgleich die Tonfolge über die Maßen armselig war, oder wirkte vielleicht gerade wegen ihrer Armseligkeit, denn Kiel war damals eine Stadt, die den Eindruck machte, als hätte in ihr noch nie ein Mensch gesungen, eine Geige gestrichen oder eine Flöte geblasen; und nun konnte man vermuten, das Glockenspiel sei von einer treusorgenden Stadtverwaltung nur deshalb eingerichtet, um die klangungewohnten Ohren ihrer lieben, wenn auch in diesem Punkte zu kurz gekommenen Bevölkerung allmählich aufzuschließen und für die Wunder der Musik aufnahmebereit zu machen. Der Erfolg dieser Bemühung scheint indessen mehr als zweifelhaft geblieben zu sein, denn nach über 30 Jahren (und ich weiß nicht, wie lange vor meiner Zeit es schon so getönt hat) und nachdem die halbe Stadt den Bomben des zweiten Weltkrieges zum Opfer gefallen ist, bimmelt immer noch vom hohen Turm dieselbe Tonfolge, der der einzige Witzbold der Stadt den Text unterlegt hat:

Kiel hat kein Geld,
das weiß die Welt.
Ob's mal was „kricht",
das weißt man nicht.

Eine Lesung vor dem Schauspielhaus

Adelbert Natorp

Das Kulturamt der Stadt veranstaltet eine Lesung der Autoren, die im vergangenen Jahr im Kulturtelefon zu hören gewesen sind.
Herr P. teilt dies N. mit und fragt, ob er daran teilnehmen möchte.
Ausgerechnet einen Tag vor dieser Veranstaltung kam N. auf die absonderliche Idee, Dorschleber zu braten. Diese genossene aber eigentlich ungenießbare Speise, sowie die zur Hilfe der Verdauung daraufgegossene halbe Flasche Kognak, machte seine Teilnahme am nächsten Nachmittag fast unmöglich.
Trotzdem ringt er sich dazu durch, im strömenden Regen und auf zwei Warzen unterm Fuß dorthin zu marschieren.
Er hatte sich vorgestellt, die Lesung würde wenigstens im Foyer des Hauses abgehalten.

Er würde dann sein Neruda-Gedicht vorlesen, als letzten Appell an die Menschheit sozusagen, hatte er sich vorgestellt, und würde dann bei den letzten Worten, die da lauten: „Bis ich endlich verstumme", von Dorschleber und Alkohol tödlich vergiftet, zum Erstaunen und Erschrecken des Publikums zusammenbrechen. Durch das Gedicht und seinen plötzlichen Tod würde ein kolossaler Eindruck entstehen. Er würde mit einem Schlage berühmt werden, hatte er sich vorgestellt. Doch es ist wieder mal alles so ganz anders.

Mitten auf der Freitreppe vor dem Haupteingang ist ein Rednerpult errichtet. Eher sieht das nach einer politischen Kundgebung aus.

Einer steht auch schon hinter diesem Pult und brüllt etwas über den Lautsprecher . . ., wovon man nur ein paar Wortfetzen versteht. Brüllt es bis zur anderen Straßenseite hinüber über den Verkehrslärm hinweg. Eigentlich die einzige Zuhörerin ist N.'s Freundin I. Die trägt ein weites Plaid als Mantel und, Handtäschchen und Beutelchen umherschwenkend, versucht sie, von den umherstehenden Autoren Autogramme zu bekommen.

Als zweiter Vorleser ist N. nun an der Reihe. Naß und fröstelnd begibt er sich zum Pult. Dann zieht er umständlich sein Gedicht aus dem Jute-statt-Plastik-Sack. Vorsichtshalber hat er nicht seine vornehme Leder-Aktentasche mitgenommen.

Da der Veranstalter in dieser unruhigen Vorweihnachtszeit mit immer neuen Passanten gerechnet hat, soll dasselbe Gedicht mehrmals hintereinander vorgetragen werden.

Zweimal liest N. das Gedicht in der schon gewohnten Betonung. Er liest es so, als sei es ein Appell an die ganze Menschheit. Aber er denkt immerfort: „Es ist in den Wind gesprochen." „Es ist in den Wind gesprochen."

Kinder sind plötzlich da, stellen sich neben ihn. Horchen neugierig hin. Was werden die verstehen?

Zuletzt geht N. zu Herrn P., dem Initiator der Veranstaltung und sagt: „Nun kann ich nicht mehr. Ich möchte mich jetzt verabschieden. Übrigens geht es mir heute gar nicht so gut." Er denkt: „Diese verdammte Dorschleber, dieser verdammte Kognak, dieser verdammte Regen, dieser verdammte Lärm, diese verdammte Straßenbahn und diese verfluchte Leere hier."

„Übrigens geht es mir gar nicht so gut."

„Glaube ich, glaube ich", sagt Herr P. und gibt ihm mitleidig-verständnisvoll die Hand.

N. geht dann wieder die Stufen hinunter auf I. zu und erklärt ihr, er werde nun gleich zusammenbrechen. „Aber wir müssen uns doch mit

den anderen Autoren solidarisch zeigen", sagt sie. Eine gewisse Zeit hält er dann noch die Solidarität durch. Dann sagt er zu ihr: „Ich gehe jetzt schon mal ins Café voraus. Dort warte ich auf dich."
Aber dann kommt noch einfach so wie zufällig der weltbekannte Lyriker H. H. in Begleitung seiner Frau und eines Terriers an der Leine hier vorbei und hält kluge Reden über derartige Veranstaltungen im einzelnen und im besonderen. „Majakovskij hat ja nicht über den Maschinenlärm hinweg gesprochen, sondern über den Maschinenlärm als Thema geschrieben."
Dies äußerte der H. H. und N. eilte von Plaids, Handtäschchen, Straßenbahnen, Lyrikern und Terriern schleunigst fort zum Café.
Auf dem Wege dorthin wird er Zeuge, wie ein älterer Mann auf einer Trage aus einem Kaufhaus getragen wird, der dort einen Collaps erlitten hat. Doch dann im Café wird dem N. doch ein wenig wohler. I. meint, Dorschleber solle er ruhig öfter mal essen und darauf eine halbe Flasche Kognak kippen. Eigentlich sehe er doch noch ganz rosig aus. –

Eklat im Stadttheater (1923)

Carl Zuckmayer

. . . In weniger als einer Woche bearbeitete ich das Lustspiel ‚Der Eunuch' von Terenz, einen glänzend gebauten Schwank aus der fülligsten und laszivsten Theaterzeit des alten Rom, dessen Motive schon früher von römischen und griechischen Komödiendichtern benutzt worden waren.

„Der nahms vom Plautus, jener von Menander –
So klauten die Antiken voneinander!"

hieß es in meinem Prolog über den Stückeschreiber Terenz.
Ich nahm von dem Stück nur den Grundriß der Handlung und die Personen, schrieb das Ganze völlig neu, im unverblümtesten Deutsch der Nachkriegszeit, packte alles hinein, was wir den Kielern an politischen und sonstigen Aufrichtigkeiten zu sagen hatten, und überzog die saturnalische Erotik des Vorwurfs, in dessen Mittelgrund die große Hure Thais und ihre Liebhaber stehen, ins schlechthin Vulgivage.
Es war eine Mischung von Kraftmeierei und bewußter Provokation mit

leicht hingeworfenen, theatersicheren Szenen und manchen sprachlich verblüffenden, sogar poetischen Dialogen, die dann wieder in barem Ulk und Klamauk versackten.
Als Motto hatte ich der Niederschrift das Zitat vorangestellt:
„Glücklicher Aristophanes, glücklicher Plautus, der noch Leser und Zuschauer fand. Wir finden, weh uns, nichts als Rezensenten und könnten ebensogut in die Tollhäuser gehen, um menschliche Natur zu offenbaren."
(Jakob Michael Reinhold Lenz, im ‚Pandämonium Germanicum'.)
Elwenspoek hielt es für den Wurf eines Originalgenies, und obwohl er genau wußte, daß es noch keine Dichtung war, zweifelte er nicht daran, einen kommenden Theaterdichter damit vorzustellen.
Für mich war das eine Fingerübung nach Noten, eine Handwerksprobe und vor allem ein panisches Vergnügen. Alle Rollen waren bis in persönliche Details den dafür gedachten Schauspielern auf den Leib geschrieben, auch solchen, die zu unsren erbittertsten Gegnern gehörten und die der Intendant kraft seines Amtes, das er immerhin noch besaß, dadurch zum Mitspielen zwang, daß er ihnen im Weigerungsfall mit Entlassung wegen Vertragsbruchs drohte, was keiner auf sich nehmen wollte.
Außerdem war jede Rolle gut, voll komödiantischer Effekte, die sich selbst ein moralisch entrüsteter Schauspieler nicht gern entgehen läßt. Zweifelsfall konnten sie sich ja später auf ‚Befehlsnotstand' herausreden.
Der letzte Satz war noch nicht geschrieben, da standen wir schon auf der Probe, ich führte Regie, Albrecht Joseph entwarf das Bühnenbild, unser erster Kapellmeister komponierte (heimlich und ohne Namensnennung) die Musik für Flöte, Oboe, Fagott und Schlagzeug, und dank der gesteigerten Spielfreude des ‚Jungen Kreises', von dem jeder wußte, worum es ging, kam eine glänzende Aufführung zustande.
Der tollkühne Intendant, der nichts mehr zu verlieren hatte, veranstaltete die ‚Uraufführung' als geschlossene Vorstellung vor geladenen Gästen, am nächsten Abend sollte sie dann der Öffentlichkeit präsentiert werden. Die Spitzen der Stadt, der Gesellschaft, der Universität, des Skagerrakbundes sowie die Presse waren geladen, für jeden einzelnen waren zwei Freikarten ausgestellt, und es erschienen fast alle mit ihren Damen. Elwenspoek hielt eine einführende Ansprache, in der er die Entdeckung eines Theatertalents verkündete, das einmal die Welt von sich reden machen werde, und schloß mit dem Zitat: „. . . und ihr könnt sagen, wir sind dabeigewesen."
Skeptisch und stumm saßen die Kieler dabei.
Nach dem Prolog, der wie im antiken Theater mit dem Symbol des Phallus zur Verherrlichung des schöpferischen Eros gehalten wurde und in

ein Lob des edlen Gliedes ausklang, wagte keiner mehr zu atmen, offenbar wollte sich niemand ein Schreckenswort entgehen lassen, und es verließ auch niemand das Theater, ehe der letzte Vorhang die Hoffnung begraben hatte, daß es noch schlimmer kommen könne. Es kam, für damalige Begriffe, mehr als schlimm. Eine unserer jungen Schauspielerinnen, die total unbegabt, aber berauschend hübsch gewachsen war, wurde als geraubte Jungfrau und Sklavin der Thais nackt über die Bühne geführt, nur mit einem Schleier um die Hüften, ihre Brüste waren orangen geschminkt und um den Nabel eine Sonne mit blauen Strahlen. Da sie beim Sprechen mit der Zunge anstieß, hatte ich ihr nur einen einzigen, kurzen Text geschrieben – wenn sie nämlich am Schluß gefragt wurde, wo sie die Zeit ihrer Entführung verbracht habe: „Auf Lesbos."

Der ruhmredige Feldherr, der alle Schlachten verlor außer der auf der Matratze, und sein schlauer Parasit wurden in den angedeuteten Masken von Hindenburg und Ludendorff gespielt – der wackere alte Feldmarschall hatte das nicht verdient, er ging zweifellos lieber in die Kirche als ins Freudenhaus – und äußerten sich in Wendungen, die dem Jargon des großen Hauptquartiers entnommen waren.

Und als ‚Eunuchen' wurden die Koryphäen im Publikum, vor allem die Kritiker verdächtigt.

Ein paar junge Leute, denen man die Galerie freigegeben hatte – mein Matinee-Publikum –, lachten und klatschten am Schluß – die geladenen Gäste verließen das Haus in bedrohlichem Schweigen.

Noch in der Nacht wurde eine Sitzung des Stadtrats einberufen und der Intendant aufgefordert, das Stück sofort abzusetzen, bevor es zu einem öffentlichen Skandal kommen könne.

Da er sich weigerte, wurde am nächsten Tag das Theater, wegen ‚groben Unfugs', polizeilich geschlossen, der Intendant und ich fristlos entlassen, ein Teil des ‚Jungen Kreises' vorläufig von der Theaterarbeit suspendiert, alle mit uns schon geschlossenen Verträge für die nächste Spielzeit als ungültig erklärt. In dem Dokument meiner Entlassung hieß es: „wegen Aufsässigkeit, Unbotmäßigkeit und völliger künstlerischer Unfähigkeit".

Mit dieser Bestätigung verließ ich Kiel bei Nacht und Nebel, da ich mich dort auf der Straße nicht mehr sehen lassen konnte.

... *hinaus in das Getriebe des Jahrmarkts*

Dierk Puls

... Im Lichte der in ihrem Wandarm blakenden Petroleumlampe trafen sich am Abend in der Diele die drei festlich geputzten filiae hospitalis mit den langjährigen Hausgenossen. Die Herren (Theodor und Tycho Mommsen sowie Theodor Storm) halfen den aufgeregt schwatzenden Mädchen in die pelzverbrämten Mäntel und reichten ihnen den Muff. Dann ging es hinaus in das Getriebe des Jahrmarkts. Der alte Platz im Schatten der Nikolaikirche, des Rathauses und des Tanzsaales erstrahlte von Hunderten von Lichtern der vielen Umschlagbuden. Neugierig drängten die Mädchen von Tisch zu Tisch. Was gab es da nicht alles zu kaufen, was besonders ein Mädchenherz erfreute: große Ballen von Musselin, Batist und Linon, dazu Seide, Spitzen, Flor, Hauben und Schleier. Von der Bude des Herrn Theodor Moirin aus Hamburg zogen verlockende Düfte aus Tiegeln und Fläschchen herüber, auf denen zu lesen war: „Eau de lavande, Savon de Naple, Vinaigre de rouge, Poudre à la marchal." Daneben wieder wurden feine brabantische Hüte aus eigener Brüsseler Fabrik sowie französische und englische Bijouterie- und Modewaren feilgehalten. Das Interesse der jungen Herren erregten die englischen Messer und Scheren, die Patent-Windsorsoap sowie englische Uhren, die von Simon aus England angeboten wurden. Dann folgten wieder Buden mit Leipziger Pampuschen, Greifenberger Leder, Bielefelder Leinen. Andere Stände ließen mit ihren süßen Angeboten den jungen Leuten das Wasser im Munde zusammenlaufen. Da gab es Walnüsse aus Grenoble, Orangen aus Malta, Pfirsiche und Aprikosen oder getrocknete Kirschen. Aber schließlich entschlossen sich die Mädchen, doch lieber zu ihrem Nachbarn, dem Konditor Michael in der Flämischen Straße, zurückzugehen und sich dort eine Portion des so selten angebotenen Speiseeises geben zu lassen. An der Ecke hielten sie einen Augenblick an, um dem in jedem Jahre hier stehenden ‚Piper mit de Elendsfleut' und seiner Gitarre spielenden Tochter zuzuhören.

„Fahr mich hinüber, schöner Schiffer,
nach dem Rialto fahr mich hin",

sang sie mit schriller Stimme zu den dünnen Flötentönen. Eine besonders lustige Viertelstunde gab es, als die Studiosi sich bei dem Optikus Simon Brillen anprobieren ließen, die ihnen ein sehr gelehrtes Aussehen gaben.

Dann sahen sie dem Balanciermeister zu, der seinen Messingdraht

über eine Marktecke von Haus zu Haus gespannt hatte und darauf stehend mit Karten und Eiern jonglierte. Mit einem Loskauf versuchten Gretchen und Mine an einem Glückstopf ihr Glück und mußten sich von den anderen verspotten lassen, als sie nichts gewannen.
Aus den geöffneten Fenstern des Ratskellers, des Tanzsaales und anderer Gaststätten drang fröhliche Musik in das Marktgetriebe. Aber überall war dichtes Gedränge von Menschen, und nicht einmal im Academischen Kaffeehause in der Schuhmacherstraße fanden sie einen Platz. Als die jungen Leute etwas ratlos wieder aus der Tür traten, sagte Tycho: „Gehen wir doch zu dem magisch-physikalischen Künstler Professor Buker aus Berlin. Von ihm wird in jeder Vorstellung die Enthauptung eines 18jährigen Knaben gezeigt."
„Nein, nein!" schrien die Mädchen auf.
„Nun", begütigte Theodor, „dann wäre da noch der berühmte Athlet Karl Rappo in der Alten Harmonie. Habt ihr nicht gelesen, was heute das Kieler Wochenblatt sogar in Versen über ihn schreibt?" Und schon hatte er die Zeitung aus der Tasche gezogen und las laut vor:

„Sei uns gegrüßt am trauten Kieler Strande,
Du deutscher Herkules in deinem Glanz;
Es reicht die Kunst in strahlendem Gewande
Dir wackern Meister den verdienten Kranz!
Dein Name tönt dort von der Donau Wogen
Bis zu der Themse und dem fernen Belt;
Und von des Ruhmes Jubel fortgezogen,
Rauscht Beifall dir in deiner Künstlerwelt!
Wie Simson stark, gewandt wie die Gazelle,
Bist du ein wahrer Schrecken jedem Feind,
Doch treu und gut, ein fröhlicher Geselle,
Wo sich die Kunst mit heiterm Frohsinn eint!
Drum weile lange noch in unsern Mauern,
Drin du den Altar deiner Kunst erbaust;
Dein Angedenken wird hier immer dauern,
Weil du bewährt nur deiner Kunst vertraust."

„O ja, den müssen wir sehen!" riefen die Schwestern und drängten schon hinüber zur Alten Harmonie. Der Saal war bis auf den letzten Platz gefüllt. Und dann trat der „deutsche Herkules" auf die Bühne und ließ seine Muskeln spielen. Zuerst warf der Athlet mit hundertpfündigen Gewichten wie mit Gummibällen herum und bog dicke Eisenstangen zu Spiralen. Sodann balancierte er einen schweren massiven Schiffsanker auf der Nase. Schließlich schwang er nicht nur seinen muskulösen Körper in waagerechter Haltung um eine senkrecht stehende Eisenstange, sondern hielt sich auch still in dieser Lage, und zwei Männer durften sich noch an seinen Körper hängen, ohne daß ihn die Kraft verließ. Am Schluß der Vorstellung klatschte alles begeistert Beifall, und die Menge strömte ins Freie.

Gretchen und Theodor Mommsen sahen sich plötzlich allein. Ein Blick der Verständigung genügte. Sie suchten nicht lange nach den anderen. Schnell waren sie in einer still liegenden dunklen Gasse verschwunden. In einer Türnische zog Mommsen das Mädchen fest an sich und küßte es. Dann bummelten sie, heiter lachend und schwatzend, zum Hafen hinunter. Vom Wasser her sprang sie ein scharfer Wind an, als sie aus der Straße heraustraten, und sie liefen schnell, um in den Windschatten des schiefen Zollhauses zu kommen, dieses alten Wahrzeichens des Kieler Hafens, an dem sich Liebende immer wieder trafen. Aufatmend preßten sie sich in eine Nische der Bohlenwand. Hier war der von den vielen Liebespaaren abgewetzte Balken, auf dem nur einer sitzen konnte. Das Mädchen kuschelte sich in den Schoß des jungen Mannes, und eine Weile genossen sie schweigend das enge Beieinandersein.

„Unser liebes Zollhaus soll abgebrochen werden. Hast du schon davon gehört?" sagte Gretchen leise.

„Ach wie schade!" Mommsen schüttelte den Kopf mit der langen Mähne. „Wieder ein altes, romantisches Wahrzeichen weniger in Kiel. Sie meinen wohl, wenn sie ein neues Irrenhaus haben, brauchen sie das Zollhaus nicht mehr." Und schon begann er, laut deklamierend, wieder Verse zu improvisieren:

„Wo ist das alte Kiel? – O Gott, wie sah es toll aus!
Ein Irrenhaus ist gut, allein wo ist das Zollhaus?
Das schiefe mein ich, das stets umzufallen schien.
Was wissen jetzt von dir die Geographen,
als was dir ewig bleibt: dein Sprott, dazu der Hafen
und dann dein Name Klein-Berlin?"

„Es geht ein finstrer Geist durch dieses Haus!" (1815)

Dr. Meyer (Domherr)

. . . Daß in einer Stadt wie Kiel, wo, neben der Weihe der Wissenschaften, der Geist der Geselligkeit herrscht, es an einem beide Zwecke verbindenden Institut nicht fehlen kann, läßt sich erwarten. Die *Harmonie* ist ein solches Institut, worin indeß der letztere Zweck überwiegend scheint; denn die Konversations-, Spiel-, Konzert- und Tanz-Säle sind geräumig und das Lesezimmer ist nur verhältnißmäßig sehr klein. In beiden herrscht kein Aufwand, da der literarische, durch die enorme Kostbarkeit der Bücher in jetziger Zeit äußerst erschwert wird – und was das übrige Lokal des Hauses betrifft, die doch wohl zu einfachen Verzierungen nur auf die Abendbeleuchtung berechnet sind. – Allen Lesezimmern, die ich kenne, sind die Klagen gemein über das selbstsüchtige, diebische Entwenden der für den Lesetisch bestimmten Bücher, und noch ist kein Gesetz erfunden, diesem im Finstern schleichenden Uebel zu wehren. In dem Protokoll des Kieler Lesekabinets aber, erstrecken sich die Klagen der Vorsteher und jedes nur halb rechtlichen Theilnehmers, noch auf etwas viel Schlimmres: – auf *absichtliche* Befleckung und ähnliche schändliche Mißhandlungen gewisser Bücher und Hefte, die dem schmählichen Parteigeist und der Verketzrungssucht nicht zusagen. Diese elende Wuth war eben damals an dem Abdruck der geist- und gehaltvollen, ächt patriotischen Rede, die der Professor *Dahlmann* am Tage der Siegsfeier des 18ten Juni gehalten hatte, verübt, und das Protokoll enthielt über diese empörende Bücherschändung ein derbes, aus tiefem und gerechtem Unwillen gesprochnes Wort des Vorstehers. – Wahrlich! hier gilt Schillers Spruch: „Es geht ein finstrer Geist durch dieses Haus!" im schlimmsten Sinn. Und dergleichen geschieht in einer *deutschen* Stadt und unter Deutschen! geschieht nach den hochheiligen Tagen von *Leipzig* und *Waterloo!* Dreifach trifft diese „undeutsche Deutsche" des großen Barden edel entbrennender Zorn.*

– Nach dem Vorgang solchen heillosen Unwesens des Parteigeistes und der Verachtung des deutschen Sinns und Patriotismus, wartete der neuen trefflichen Zeitschrift, „Kieler Blätter", wovon damals das

---

* *Klopstock*, in den Oden: „Überschätzung des Auslandes" – „Vaterlandslied" – „Wir und Sie" u. a. m.

erste Heft erschienen war, und den Geist des Lichts, Rechts und Vaterlandes aussprach, wohl kein beßres Schicksal, – wenn anders es nicht vielmehr Ruhm ist, von den Verdunklern der Zeit verfolgt zu werden. Mit edler und liebenswürdiger Gastfreiheit wird der Fremde überall in Holstein und besonders auch in Kiel aufgenommen. Undank wäre es, die Wahrheit eines Vorwurfs behaupten zu wollen, der nicht dieser Stadt allein, sondern auch allen übrigen von reichen Güterbesitzern und dem Beispiel ihrer vormaligen Verschwendungen umgebnen Städten dieses Landes, gemacht wird, nämlich der Vorwurf eines übertriebnen Aufwandes in allen geselligen Verhältnissen, der mit der Größe dieser Städte, ihrem innern Wohlstand, und der Theurung fast aller Lebensbedürfnisse, außer den Landesprodukten, in starkem Mißverhältniß stehen soll – Unerhört hoch sind auch die Miethpreise der Häuser und einzelner schlecht und recht verzierter Zimmer und Stockwerke: eine Folge der schwer auch auf das unbewegliche Eigenthum lastenden Staatsabgaben. –

„Ein Vorschlag zur Güte"

Jost Nolte

Mit Doysen und Streitberg ging ich zu Fuß in die Stadt hinunter. Wir überquerten den Platz, auf dem ich als Kind in heißen Sommern durch den Regen der Sprengwagen gelaufen war, wenn die Händler des Wochenmarkts ihre Stände abgebrochen hatten. In der Straße, die abwärts zum Rathaus führte, zeigte Streitberg auf ein Haus. Er sagte: „Da hat die andere Tragödie ihr Ende genommen." Er meinte den Selbstmord einer jungen Frau. Als Journalist war er der Geschichte nachgegangen. Während seiner Recherchen hatte er so gründlich über sein Gewerbe nachgedacht, daß er ihm am Ende den Rücken gekehrt hatte. Streitberg fuhr fort: „Vielleicht ist gar nicht so wichtig, was der Prozeß bringt. Mindestens ebenso wichtig ist, was danach aus dem Jungen wird. Wir müssen uns weiter um ihn kümmern."
„Doysen hat es ihm heute schon versprochen", sagte ich. Ich war sicher, daß wir uns daran halten würden.
Hinter dem Rathausmarkt bog Streitberg zur Buchhandlung Cordes

ab. Doysen und ich folgten ihm. Streitbergs Freund Eckart Cordes redete, als wir in seinen Laden traten, heftig auf einen Kunden ein. Der Kunde war Prof. Arnfried Peine. Cordes begrüßte uns erfreut und sagte: „Die Herren kennen sich zumindest vom Sehen. Wißt ihr, daß der Professor unter anderm eine Sache über abnormes Seelenleben im Drama geschrieben hat? Eine hochinteressante Arbeit mit hochinteressanten Einwänden gegen die Schöne Literatur, sofern sie sich an krankhafte seelische Zustände wagt. These: Da ein seelisch kranker Mensch unfrei handelt, kann er nicht schuldig werden. Der Autor, der einen Konflikt verpsychologisiert, muß sich am Ende vom Seelenfachmann sagen lassen, daß alle Schwierigkeiten bei hinreichender Sachkunde zu lösen gewesen wären. Habe ich Sie richtig zitiert, Herr Professor?"
„Richtig", sagte Peine. Der Eifer des Buchhändlers machte ihm Spaß.
„Darf man demnach hoffen", fragte Doysen, „daß die Psychiatrie auch der schwersten Psychose gewachsen ist? Sachgerechte Anwendung der ärztlichen Mittel vorausgesetzt."
„Das gewiß nicht", gab der Professor milde zu. „Aber Psychosen kann die Literatur, die Schöne Literatur, kaum darstellen. Psychosen sprechen eine unverständliche Sprache. Diese Sprache übersetzt bestenfalls der wissenschaftliche Test."
„Es gibt andere Auffassungen", wagte Doysen einzuwenden.
„Die gibt es immer", räumte der Professor ebenso geduldig wie vorher ein. „Es wird behauptet, in der Schizophrenie seien die gleichen kreativen Grundfunktionen wirksam, die auch die Kultur hervorbringen. Ich will das gar nicht bestreiten; nur hapert es trotzdem an der Verständlichkeit. Ein Kunstwerk, ein einsichtiges Sinngefüge, kann darum nicht entstehen. Die Schizophrenie ist ahistorisch."
„Mich beschäftigt im Augenblick etwas anderes mehr", warf Streitberg ein.
„Und das wäre?" Der Professor war auf der Hut.
„Nehmen wir an", sagte Streitberg, „es gibt normale Affekte, die zeitweise ebenso unbezwinglich sind wie krankhafte Affekte. Gefühlsausbrüche also, Gefühlsstürme, die einen sonst gesunden Menschen zu einer Tat hinreißen . . ."
„Ein Vorschlag zur Güte", sagte Cordes. „Ich habe nicht nur Bücher, ich habe auch Wein, aber den habe ich zu Hause. Ziehen wir zu mir nach Hause um, und reden wir da weiter."
„Unter einer Bedingung", sagte Prof. Peine. „Wir reden über alles, nur nicht über das, was uns heute am meisten interessiert. Wir reden nicht über Frank Depensens Tat."

Eine Bombe für mich (1981)

Luise Rinser

Eine Bombe für mich. Lesung in Kiel in der „Pumpe": ein Gebäude, das wirklich eine Pumpe enthält, die alte Wasserpumpe. Sie ist stillgelegt, könnte aber im Notfall noch pumpen. Die Stadt hat den verlassenen Bau der Jugend zur Verfügung gestellt; sie tat, was Zürich der dortigen Jugend verweigerte, und alles geht gut und friedlich zu. Seltsam, daß dies möglich ist in einer Stadt, die so sehr neofaschistisch durchsetzt ist. Ich erlebe das am eignen Leib: nach meiner Lesung aus dem „Wolf" (die Diskussion ist lebhaft, und sie ist fast zu Ende) erscheint ein Polizist und verkündet, der Saal müsse sofort geräumt werden, da eine telefonische Bombendrohung vorliege. Natürlich halte ich die Drohung für eine Mache der Neofaschisten: sie wollen die recht antifaschistisch gewordene Diskussion stören. Aber sie stören erst am Ende, wieso das? Ich sah, daß während der Diskussion ein älterer Herr den Raum verließ, vermutlich war er der Urheber der Drohungen, niemand kannte ihn. Ich blieb ganz ruhig, ich hielt auch die Zuhörer in völliger Ruhe. Langsam verließen wir den Saal, und draußen, im Vorraum, also in angeblicher Bombengefahr, signierte ich in aller Ruhe weiter, auch das Publikum blieb gelassen. Schließlich meinte der Polizist, wir müßten doch gefaßt sein, daß die Drohung ernst sein könnte. So gingen wir auf die Straße, und auf dem Platz gegenüber signierte ich im Halbdunkel weiter, auf dem Rücken einer Leserin. Es war eine Art Fest geworden, ein Widerstandsfest, ein Fest der Überwindung der Angst weniger vor der realen Bombe (es gab keine, das war bald allen klar) als vor der latenten Drohung des Neofaschismus. Ich werde gebeten, mich ins Gästebuch des übrigens wunderschön gelegenen und sympathischen Hotels „Kieler Kaufmann" einzutragen: vor mir die CDU/CSU Fraktion, vorher Carstens, vorher F. J. Strauss. Ich erinnere mich nicht ganz genau meines Eintrags, ich meine, er heißt so: Ohne direkten Bezug auf meine Vorgänger in diesem Gästebuch finde ich das Hotel sehr sympathisch . . . Die (ohnehin gemäßigten) Linken in Kiel haben es sehr schwer. Nachbar des Hotels ist Stoltenberg, die Villa ist streng bewacht.

In Kiel (1984)

August Kühn

25. Oktober

Nach diesem Abstecher wieder zurück in den Norden, nach Kiel, wo man mich in der Käthe-Kollwitz-Buchhandlung erwartet, ebenfalls zu einer Lesung. – Das Endstück meines „langen Marsches" durch die BRD für die Literatur des Landes verläuft nun wie eine der vielen „Lesereisen", die ich für die Verlage bei Neuerscheinungen meiner Bücher hinter mich gebracht habe in den vergangenen Jahren: S. Fischer Verlag Frankfurt 1975/76; C. Bertelsmann Verlag 1977/78; Weltkreisverlag Dortmund 1979; ja, und schließlich mit Schneekluth nach Auslieferung meines Romans „Die Vorstadt", das ist nun kanpp drei Jahre her. Auch in dieser Buchhandlung in Kiel war ich schon einmal, bei deren Eröffnung.

Bei der Buchhandlung um die Ecke ist ein „Italiener", wohin ich von der einen der beiden Geschäftsführerinnen der Buchhandlung zum Essen eingeladen werde. Sie schreibt mir fürsorglich auch die Adressen und Telefonnummern in Flensburg auf, die mir dort, am nördlichsten Punkt meiner Reise, von Nutzen sein können. So etwas ist mir leider und ganz gegen meine zu Anfang gehegten Hoffnungen nur selten widerfahren auf meiner Tour, es hätte mir doch sehr helfen können. „Was sind den Deutschen ihre Dichter wert?" war meine Frage beim Aufbruch in Reit im Winkl am 20. Juli gewesen. „Wenig, sehr wenig!" – wird das meine erfahrene Antwort sein? Nun, die wenigen Zuhörer in der Buchhandlung antworten anders, finden, die realistische Literatur brauche schon eine größere Verbreitung – aber auch da ist gleich einer, der meint, daß er auf die Taschenbuchausgabe der „Vorstadt" warten wolle.

Nach der Lesung fahren wir noch zu einem „Club" und treffen dort auf Bekannte der Buchhändlerin, die bedauern, von der Lesung zu spät erfahren zu haben. Der Anschlag mit der Ankündigung hängt noch an der Theke, nicht zu übersehen . . . Zur Übernachtung habe ich Quartier im Wohnzimmer der Buchhändlerin, in einem Wohnhochhaus, aus dem Fenster blickt man auf die Ostsee.

26. Oktober

Von meiner Gastgeberin freundlich wieder in die Innenstadt befördert und nahe der Redaktion der ‚Kieler Rundschau' abgeliefert, habe ich noch reichlich Zeit, denn dort sind lediglich die verwaltenden Damen,

die redaktionellen Mitarbeiter beginnen ihren Arbeitstag später. Weil ich noch die zweite Redaktion, die der ‚Kieler Nachrichten', erreichen will, wird meine Gesprächigkeit mit dem schließlich eintreffenden jungen Pressemann sehr gedämpft. – Gehetzt von der herannahenden Mittagszeit, in der ich niemanden mehr erwischen würde, eile ich ins eigentümlich gesichtslose Stadtzentrum. Glücklich erreiche ich noch einen bereitwilligen Feuilletonredakteur dort, nach dem ebenfalls knappen Gespräch hat auch noch ein Pressefotograf ein paar Minuten Zeit für Aufnahmen. Ein bronzener Bürgermeister aus dem 18. Jahrhundert namens Bremer, auf dem Platz vor dem Zeitungshaus auf einer Bank sitzend, wird für das Bild mein Nachbar.
Nächste Station ist die Stadtbibliothek, da ist reger Leihbetrieb, erfreulich, holen sich doch viele junge Leute Lektüre fürs Wochenende, es ist Freitag. Der Angestellte ist entgegenkommend, er läßt mich meinen Koffer abstellen, und ohne diese Last bin ich danach für den Rundgang zu den Buchhandlungen beweglich. – Auf dem Marktplatz, der modernistisch mit hohen Stufen gestaltet wurde, hockt eine Schar Stadtstreicher, direkt hinter ihnen die große Buchhandlung in zwei Etagen. Welch ein Kontrast: versoffene Langeweile und nebenan Regal an Regal Unterhaltungsstoff für jede nur mögliche Gemütslage. Aber freilich, die da hocken, die haben wirklich nur die spärlichen paar Mark in der Tasche, die in Alkohol umzusetzen sind, zum Lesen reicht es ihnen schon deshalb nicht. Und die zahlreichen, aber weniger auffälligen Säufer vor der Mattscheibe?
Ich kann mir nun ein Essen in einem Lokal mit Fischgerichten leisten, in der Dänischen Straße. Mit mir am Tisch hat ein Ehepaar Platz genommen, er ist Kieler, aber schon seit zwei Jahrzehnten der Arbeit wegen in Düsseldorf wohnhaft, gehobener Angestellter. Auch er einer, der mich aus einer Fernsehsendung wiedererkennt. Wir kommen ins Gespräch über meine Tour, und er will, sagt er, auf mein Tagebuch warten, vielleicht auch einmal ein anderes meiner Bücher lesen.
Nach dem Genuß eines vorzüglichen Heilbutts besuche ich die in dieser Straße massierten Buchläden, werde freundlich und interessiert begrüßt – und höre, daß man meinen nunmehrigen Verlag für einen mir unangemessenen, weil unliterarischen hält. Ich frage zurück, ob ich denn nun etwa anders schreiben würde als zum Beispiel zu meiner Zeit bei S. Fischer. „Nein, das freilich sicherlich nicht." Na also! Außerdem hat doch inzwischen jeder Verlag der Bundesrepublik sein mehr oder weniger gemischtes Programm, entsprechend dem Markt!
Ich hole meine Koffer wieder ab, lasse auch in der Stadtbibliothek mein Plakat als Souvenir zurück. Nahe dem Bahnhof findet sich noch

eine Buchhandlung, der ich kurz einen Besuch abstatte. Bevor ich abfahre, betrachte ich noch eine Weile den Hafen mit seinen Schiffen, bin eben Binnenländer. Auch im Zug sitzend ist mir noch einmal ein Fetzen Meeresausblick vergönnt.

Das lebhafte Treiben auf der Holstenstraße (1856)

Moritz Busch

. . . Die Stadtgemeinde ist reich. Sie hat beträchtlichen Landbesitz, und die Gelder, die der Hafen in ihre Kasse fließen läßt, übersteigen die Ausgaben für denselben alljährlich um ein Bedeutendes. Noch erfreulicher ist, daß dieser Ueberfluß verständig verwaltet wird. Sehr zu loben ist die nächtliche Beleuchtung und das Pflaster der Straßen. Breite Trottoirs mögen die Verhältnisse nicht überall zulassen. Dagegen ist die Legung von Gasröhren und der Bau einer Wasserleitung, welche das unentbehrliche Element allen Wohnungen bis ins oberste Stockwerk zuführen wird, im Werke. Die Kais sind geräumig, und Dickens würde hier nicht wie in Neuyork Veranlassung zu dem Witze haben, die Klüverbäume der Schiffe stießen den Leuten am Hafen die Fensterscheiben ein.

Das Treiben auf den Gassen ist überaus lebhaft. Namentlich auf der Holstenstraße herrscht vom Morgen bis zum Abend ein Menschengewühl und ein Wagengerassel, wie manche doppelt so große Stadt des Binnenlandes es nicht halb so auffällig bietet. Watschelbeinige Matrosen in blauen Wollenhemden, über deren umgelegten Kragen ungeheure Backenbärte sich kräuseln, Seeoffiziere und Zollbeamte mit breiten Goldborten an den Mützen, Weiber mit Männerhüten, welche Fische oder Grünwaaren ausschreien, der Ausrufer, der im Augenblicke, wo ich dies schreibe, heute schon zum dritten Male seine fatale Schelle und seine plattdeutschen Ankündigungen erschallen läßt, krebsrothe Briefträger, Postillione in der Uniform gekochter Hummer, dänische Soldaten in flausartig groben Interimsjacken, schlanke Propsteierinnen in purpurfarbenen Sammet- oder Atlasröcken schlendern durch ein Gewimmel weniger auffallender Personen, unter denen die Modedame und der Stutzer in Ballweste und Glanzstiefeln nicht fehlt, durch die Hauptstraßen auf und ab. Bauern in schlotternden Gottestischröcken führen Frauen mit Atlashüten und Seidenkleidern am Arme. Hellblau oder roth angestrichne Leiterwagen, bespannt mit reichlich genährten Gäulen, laden vor Speichern und Kellern Hügel von Butterfässern und runden Käsen ab. Holsteiner Stuhlwagen, gezogen von noch stattlicheren Pferden, rollen mit jenen Besuchern vom Lande den Ausgängen der Stadt zu, und zuweilen theilt sogar eine Staatskarosse mit blitzenden Laternen und Thürscheiben die dahinströmende Menschenmenge. Des Mittags zieht, geführt von einem martialisch dreinschauenden schwarzbärtigen Tambourmajor, die Wachtparade nach dem Markte, und des Abends lockt mehrmals in der Woche ein den Franzosen abgelernter Zapfenstreich die Tonliebhaber unter den Handwerksburschen und Dienstmädchen zum Zusammenlauf.

Syrithe Berg, eine sehr eigenartige Künstlerin

Ottomar Enking

. . . Kiel war zu klein, als daß nicht eine neue, besondere Erscheinung im Straßenleben auffallen mußte, und etwas Flotteres als diese schlanke, nach der besten Mode gekleidete Dame hatte sich noch nie auf den engen Steigen der Holstenstraße bewegt.

Wer sie war, danach brauchte man nicht lange zu forschen, denn die Ausstellung ihrer Schwarzweißblätter in der Kunsthalle machte ihren Namen in der Gesellschaft bekannt. Diese Blätter, meist rund, oval oder in Sechsecken abgegrenzt, stellten den Triumph des Weibes über den Mann dar. Unsagbar schmiegsam, in allen nur erdenklichen, immer aber ästhetischen Stellungen, mit seltsam langen Händen und Hälsen boten sich die Frauengestalten dar; sie hatten oft ein rätselhaftes, wie in ein süßes Verderben lockendes Lächeln. Die Brüste waren kaum angehaucht, die Hüften knabenhaft schmal, die Beine geradezu

unkörperlich, aber als Ganzes war das Weibliche an ihnen dennoch echt. Sie enthüllten nie mehr, als sie durften, nach der klugen Regel: das Verlangen des Mannes beginnt da, wo das Gewand der Frau aufhört.
Keck waren die Bilder, alte Leute schlugen die Hände über dem Kopf zusammen, daß so etwas öffentlich gezeigt werden konnte, aber niemand wäre imstande gewesen, die Zeichnerin einer nicht ganz sauberen Absicht zu beschuldigen. Mit einer wundersamen Sicherheit setzten sich die Bilder über das Alltägliche hinweg und blieben doch edel. Nur ein sehr genauer Kenner der Frauenseele vermochte vielleicht hinter ihnen auf irgend etwas nicht völlig Gesundes ihrer phantasievollen Erfinderin zu schließen.
Aber das ging ja die Kritik nichts an, und so wurde Syrithe Berg als eine überraschende, sehr eigenartige Künstlerin anerkannt; es war doch mal etwas anderes als die ewigen Seestücke, der immer wiederkehrende Strand bei Laboe, die Bauernstube in der Probstei. Es waren kühne, wohlgelungene Würfe, eine geistige Erotik, trotz allem fast von entsinnlichender Gewalt.
Was sie an Männern hinstellte, das hatte alles die Weichlichkeit, der auch das weichste Weib von selbst überlegen ist; an den Körpern konnte man keine starke Muskel ahnen, sie waren verhüllt und zwar in Trachten, die allemal aus der Kleiderkammer des Pierrot stammten. Sie knieten vor der Frau und reichten ihr verzückt die Tulpe ihrer Liebe dar, und die Frau sah auf sie herab, halb neugierig, was so ein Mann denn eigentlich für ein Wesen sein mochte, und halb grausam mit dem Spotte: Was bildest du dir ein!
Unter allen Umständen mußte der Mann dem Weibe dienen, und selbst im gemeinsamen Tanze war er eigentlich nur dazu da, die Frau zu stützen, damit sie die gewagtesten und dabei doch nie aus ihrer Natur herausfallenden Bewegungen ausführen konnte.
Der Eindruck auf Unbefangene war vornehm und zum Absonderlichen neigend. Die Besucher der Ausstellung teilten sich in die bekannten zwei Lager, die einen schwärmten für das Neue, die andern schimpften auf das schlimme Moderne; die studierende Jugend war freudig auf Syrithes Seite, die Marinedamen und die Marineherren fanden es anständig, sich ablehnend zu äußern. Diese Person war entschieden pervers, und außerdem: auf keinem einzigen Bilde sah man die Hohenzollern mit Seiner Majestät auf der Kommandobrücke. Das ging doch nicht!
Für oder wider, Syrithe war mit einem Schlage berühmt, ihre Blätter wurden auch gekauft, und man lud sie ein; konnte man auch an einer

gewissen Freiheit ihres Auftretens und ihrer Meinungen Anstoß nehmen, so mußte das eben auf Rechnung ihrer Künstlerschaft geschrieben werden, es ließ sich ihr nicht nachsagen, daß sie etwa ungebunden lebte, von ihren Verehrern konnte sich keiner auch nur ihrer leisesten Gunst rühmen.
Sie wohnte in einem der alten Häuser an der Burgstraße beim Schloß, hoch oben, und sie hatte den für damalige Zeit gar nicht so geringen Mut, allein in dem alten Theater an der Schuhmacherstraße oder im Wriedtschen Konzertsaale zu erscheinen. Zeitschriften wie der Pan und die Insel schätzten sie als Mitarbeiterin. Ihre Kunst war Ateliermalerei, das Landschaftliche regte sie wenig an, sie liebte es, Menschen zwischen Vorhänge zu stellen, sie auf Kissen ruhen zu lassen, ihnen die Laute in die Hand zu geben. Kam sie je dazu, ein Stück Natur abzubilden, so geschah es in einer stilisierten Weise, die mit der Wirklichkeit kaum noch etwas zu tun hatte . . .

Ein viereckiger Marktplatz

Wilhelm Jensen

Ein viereckiger Marktplatz, aus dessen Winkeln in höchster Regelmäßigkeit acht Straßen abzweigen, je zwei und zwei rechtwinklig gegeneinander stehend. Sie an ihren Enden umfassend und abschließend, eine dunkel-enge peripherische Gasse, da und dort ein wenig verschoben und verschieden benannt; dann fast ringsherum Wasser. Nur noch zwei oder drei sonstige Straßen; auf der Ostseite des Marktes eine Kirche mit hohem, spitzem Thurm, am Nordende des Ganzen ein altes, weißes, großes und wunderliches Schloß. Meine Vaterstadt *Kiel*, die Altstadt derselben, wie sie in meiner Kindheit war und heut', nur in Einzelheiten geringfügig verändert, noch ebenso daliegt. Schön war sie niemals, ist sie auch nicht geworden und wird sie nie werden. Allen Straßen in ihr fehlt Licht und Luft, sie sind eng, dumpf und trübsinnig, ohne alterthümlichen Reiz. Was spätere Zeit und besonders die letzten Jahrzehnte an einem Außenring von Vorstädten hinzugethan haben, ist mit wenig Ausnahme der mütterlichen Physiognomie der Altstadt nachgeartet. Beinahe überall besitzen die Häuserreihen etwas hausbacken Frostiges oder verdrossen Trauriges; sie dienen der Nothdurft des Lebens, bestenfalls mit schicklichem Aeußern und nüchternen Geschäftsmienen, aber sie lächeln nie, auch nicht im hellsten Sonnenlicht. Den zwischen ihnen Gehenden überkommt es melancholisch, doch nicht mit der elegisch-poetischen Schwermüthigkeit, die wohl andere alte Städte Schleswig-Holsteins durch ihren Anblick wecken, sondern nur mit einem Gefühl, als sei das Menschendasein einzig Mühe und Arbeit, eine Werkelwoche ohne Festtag und ohne Freude.

Dennoch steht Kiel nicht unverdient in dem Rufe einer schönen Stadt. Nicht die bauende Menschenhand hat es dazu gemacht, aber die Hand der Natur. Am Rande der ostwärts ausmündenden Straßen weht uns die frische Wasserluft an, und wenige Schritte aus dem düstern Stadtinnern gen Norden führen in langgestreckte alte Baumgänge, durch diese fort am Hafen entlang zu herrlichem Laubwald auf steil aneinander gewölbten Dünenhügeln der Vorzeit. Auf dem Wege dorthin verleugnet die Stadt völlig ihren sonstigen Charakter. Alles ist freundlich, freudig, schön. Als hätte die Ostsee große, hellschimmernde Perlen an den Strand geworfen, reihen sich am Ufer hin freistehende, gärtenumgebene, oft prächtige Häuser; der Sommermorgen bettet sie in eine grüne, lachende Welt. Unter ihren Fenstern ziehen weiße Segel vorbei und die mächtigen Dampfcolosse der deutschen Kriegsflotte; von Norden her zwischen den Festungsbatterien am Ausgang des Hafens blickt ein blaues Stück der offnen See herüber. Die lange Wegstrecke heißt die „Düsternbrooker Allee“, doch der Name verleitet zu einer fälschlichen Vorstellung. Was einmal an Düsterniß und feuchtem Bruch hier gewesen sein mag, ist längst verschwunden; lichte oder anmuthig überschattete Heiterkeit herrscht ringsumher und versöhnt das Auge und den Athemzug mit der größtentheils mißmuthigdürftigen Wesensart der eigentlichen Stadt.

Am Morgen des 24. März 1848 . . .

Wilhelm Jensen

Am Morgen des 24. März 1848 in noch erster kaum grauender Dämmerung fuhr ich, ein damals elfjähriger Knabe, zu Kiel aus dem Bett auf, weil die Luft von überaus merkwürdigen Tönen bis zum Rande voll war. Die stellten sich als ein nicht gerade harmonisches Gemisch von Glockengeläut, Trommelschlag, Pfeifengeschrill und tausend rufenden, resp. schreienden Stimmen heraus, und wie ich, meinem Gefühl nach, mit mehr als zwei neugierigen Beinen die Stadt hinunterlief, stand in der Schloßgartenallee unsere Garnison von „Lauenburgischen Jägern" zu einer sonderbaren Parade mit höchst kuriosen Gesichtern aufgereiht. Wohl in ihrer Uniform und auch mit ihren Gewehren, nur waren von diesen übernacht die Perkussionskapseln abgedreht und die Bajonette abhanden geraten. Das mußte ein wenig nachdenklich, auch den größten Heldenmut etwas herabdämpfend stimmen. Zweifellos aber, ob nun dazu aufgelegt oder nicht, waren sie mit ihren nicht losgehenden Musketen außer stande, an dem zeitweilig in Kiel Geschehenden eine Änderung zu bewerkstelligen, und ich lief weiter bis auf den Kopf an Kopf gefüllten Marktplatz, wo etwas im Grunde sehr Drolliges vorging, indem eine provisorische Regierung erwählt wurde, um den Herzog von Schleswig-Holstein Friedrich VII., gegen Friedrich VII., den König von Dänemark, in Schutz zu nehmen. Doch ward ich von dieser weltgeschichtlichen Feintüftelei nicht sonderlich berührt, sondern schrie ein dutzendmal oder öfter begeistert mit „Hurra!" . . .

Jeden Sonntag in die Sankt-Nikolai-Kirche

Detlev von Liliencron

. . . Kai mußte jeden Sonntag mit seiner immer frommer werdenden Mutter in die Sankt-Nikolai-Kirche. Dort hatte sie für sich und ihren Jungen einen Stuhl gemietet. Der war wie ein Stübchen, hatte Fenster und Vorhänge. Dicke Fußsäcke lagen beständig bereit. Hier saß Kai so, daß er während des ganzen Gottesdienstes auf den übermenschlich großen, am Kreuz hängenden Heiland sehen mußte. Es war ihm ein peinlicher, ein schrecklicher Anblick, den Erbarmer immer in seinem Blute sehen zu müssen. Er konnte garnicht dagegen an. Als er seine Mutter bat, seinen Platz verändern zu dürfen, verweigerte sie es ihm. So saß er denn weiter auf seinem Platz und mußte den blutenden, übernatürlich großen, von Holz geschnitzten Kruzifixus betrachten. Dabei hörte er den alten Prediger Klaus Harms an. Der war als Seelsorger wie als Mensch gleich angesehen und beliebt. Nur konnte Kai seiner breiten Aussprache, die einem preußischen Ohr zuwider war, keinen Geschmack abgewinnen. In den ersten Sonntagen nach jenem nächtlichen Abenteuer hörte und sah er nichts, denn er dachte immer an die zierliche Graziosa und wie er mit ihr, eingewickelt in Decken, zusammengesessen hatte. Nur wenn die Orgel und der Gesang einsetzten, erwachte er aus seinen Träumen . . .

Über die Folgen der Hinrichtung eines Raubmörders (um 1820)

Claus Harms

Christus hat gesprochen, Matth. 25: Ich bin gefangen gewesen und ihr seid zu mir kommen. In den Predigerbestallungen wird es wol nirgends gelesen, daß der Prediger Gefangene besuchen soll; aber doch ist es in peinlichen Sachen verordnet, daß ein Prediger einen auf Leben und Tod sitzenden Verbrecher besuchen, „berichten" müsse, zu wiederholten Malen mit dem Wort Gottes, mit dem gesetzlichen und evangelischen, ihm an die Seite tretend. Solcher Aufforderungen eines Criminalgerichts habe ich in den Jahren meiner Amtsführung in Kiel mehrere gehabt und bin denselben willig nachgekommen. Ich könnte Vieles erzählen von dem, was diese Besuche mir an Vermehrungen meiner Menschenkenntniß, wie in der Seelenführung geboten haben; allein das gehört in dieses Buch nicht hinein. Theile ich daher nur Eins und Anderes mit. Einem unwissenden, recht verstockten Verbrecher, einem Raubmörder, ging das Herz auf in Kraft des Sonntagsevangeliums vom reichen Mann und dem armen Lazarus, welches ich ihm zu lesen gegeben hatte. Er konnte nur sehr kümmerlich lesen, aber mehr als das bloße Wort hatte er sich herausgelesen, davon er auf's Tiefste ergriffen wurde aus dem Zug im Bilde, daß der reiche Mann begehrt habe, Lazarus möge seinen Finger in's Wasser tauchen, um ihm damit die Zunge zu kühlen. Von dem Tage an hatte ich einen, wie man es nennt, bekehrten Sünder vor mir, und das nicht allein, sondern seine Geisteskräfte hoben sich von dem Tage an dermaßen, daß er längere Reden führen konnte, und Tags vor seiner Hinrichtung, als ich ihm das heilige Abendmahl gab, einen solchen Gedanken- und Wortreichthum hatte, über welchen ich erstaunt war. Mit einem andern Prediger, der ihn gleichfalls besucht hatte, begleitete ich ihn zu Wagen nach dem eine halbe Stunde entfernten Richtplatz. Unterwegs mußte ich noch eine traurige Erfahrung machen, diese: er fiel auf einige Augenblicke in seine frühere Gottlosigkeit zurück, indem er äußerte, daß doch zu viel Wesens gemacht würde mit ihm, daß seine Strafe zu hart sei, er habe ja doch nur eine alte Frau, deren längeres Leben Niemandem etwas genützt, ein paar Jahre früher aus der Welt geschafft, wogegen er sich doch durch seine Arbeit als einen nützlichen Menschen gezeigt hätte. Doch auf einen kurzen Zuspruch von uns Predigern kam er sogleich wieder zu seinem besser gewordenen Selbst zurück und blieb derselbige bis zu seinem letzten Augenblick, so viel wir wahrnehmen konnten. Wir waren unser drei Prediger bei dieser Hinrichtung gegenwärtig; der dritte war den geraden Weg von Kiel nach dem Richtplatze gefahren. Dieser und ich führten den Delinquenten bis auf die Höhe, wo Pfahl und Richtblock sich fanden. Wir beiden standen, doch mit abgewendetem Gesicht, unfern der eigentlichen Execution. Unserem Collegen war gerathen worden, seiner Gemüthsbeschaffenheit halber, unten in einiger Entfernung auf dem Wagen zu bleiben und nicht nach der Execution hinzublicken. Er hatte aber doch hingeblickt in den Minuten, da des Hingerichteten Kopf auf den Pfahl genagelt worden, überwältigt es zu thun durch die Hammerschläge, und eine starke Empfindung von dem Augenblick gehabt. Dieß geschah an einem Freitagmittag. Am nächsten Sonntagmorgen wurde er todt in seinem Bett gefunden. Er war schon aufgestanden gewesen, hatte zum Theil sich angekleidet gehabt und sich darnach wieder auf sein Bett gelegt. Was ist die Ursache seines Todes gewesen? – Nach meinem Urtheil und nach allgemeinem Urtheil nichts anders als diese Hinrichtung, welcher er beigewohnt hatte, dermaßen hatte diese auf ihn gewirkt, wenn er gleich am Sonnabend noch im Stande gewesen war, eine Predigt zu concipiren. Dieselbige Wirkung, jedoch eine von anderer Art, hatte diese Hinrichtung auf eine Bürgerfrau, die auch bei derselben gegenwärtig gewesen war. Diese ward nur unwohl, übel dabei und siechte darnach um zwei Jahre lang bis sie starb, selbst sagend, daran, davon. Eine dritte Wirkung aber, eine entgegengesetzte, war diese: Ein paar Tage nach jener Hinrichtung kam ein hiesiger Bürger, ein Handwerker, zu mir auf die Stube, und fragte mich im Vertrauen, wie es zu machen sei, daß er öffentlich hingerichtet würde, ohne ein Verbrechen begangen zu haben. Es war indeß kein äußeres Gepränge dabei gemacht worden, es war kein Gesang gesungen, keine Rede des Predigers oder eines Andern gehalten, keine Einsegnung des zum Tode Niedernknieenden u. dgl. geschehen. Und doch wollte jener Mann gern so sterben; bei Verstand war er, bei Verstand ist er geblieben, viele Jahre nachher. Nicht sollen mit dem, was ich hier gesagt habe, die öffentlichen Hinrichtungen von mir getadelt worden sein; denn was weiß ich, was weiß Jemand, welche Wirkungen guter Art die Oeffentlichkeit gehabt habe. Bei mir entstand während jener Execution der Gedanke: es ständen Verbrechen und Strafe, Strafe dieser Art, nicht im rechten Verhältniß; die Gemordete hatte viel mehr zu leiden gehabt, wie jetzt ihr Mörder. Wenn jetzt aber die Todesstrafen abgeschafft werden sollen, in einigen Ländern schon abgeschafft sind, dazu sage ich an meinem Theile nein, sie sollten beibehalten bleiben, Vernunft, meine ich, und Schrift sprechen nein! . . .

So manche Kieler Merkwürdigkeit (1797)

Karl August Böttiger

. . . Der Weg von Düsterbrook in die Stadt muß fast zu jeder Jahreszeit eine angenehme Promenade seyn. Wir machten ihn, weil unser Wirth ein großes Gastgebot unsertwegen angestellt hatte, etwas eilig, und konnten uns daher im Schloßgarten, durch dessen hohe und schattige Alleen er führt, nicht aufhalten. In frühern Zeiten vereinigte ein breiter Graben den sogenannten *kleinen Kiel* mit dem Hafen, und so war die Stadt völlig auf eine Insel gebaut. Allein eine Herzogin, die hier auf dem Schlosse residirte, scheuete das Wasser, wie die Hühner, und wollte durchaus keinen Graben durch den Schloßgarten haben. So wurde er ausgefüllt, und nun verpesten faule Ausdünstungen aus dem kleinen Kiel, der weiter keinen Ausfluß hat, bei der Sommerhitze die anliegenden Gegenden! In einem Theile des Schlosses ist jetzt die Universitätsbibliothek aufgestellt, die seit einigen Jahren eine bessere Einrichtung unter *Hegewisch* und *Hensler* erhalten haben soll, da sie *Christiani*, der vorige Oberbibliothekar, nicht gut in Ordnung hielt. Ich habe sie aber eben so wenig selbst besuchen können, als die neue Armenanstalt und so manche andere Kieler Merkwürdigkeit. Hier im Schlosse ist auch noch zum Andenken der alten Verbindung mit Rußland eine Russische Capelle, wobei ein Russischer Pope angestellt ist. Als jüngst der alte gestorben und nicht mit allem Ritual der griechischen Kirche beerdigt worden war, ließ sein aus Petersburg abgeschickter Nachfolger ihn wieder aufgraben, und das Versäumte an dem halbverweseten Leichnam nachholen . . .

Es ist das Schloß (um 1900)

Alfred Lichtwark

. . . Auf den Turm von St. Nikolaus, dem Schutzpatron der Schiffer, folgt in der Prozession am Ufer eine andere Silhouette, die ihrer Form nach aus der Ferne schwer deutbar wäre, ein ungegliederter hochstrebender Kasten unter mächtigem Ziegeldach, alles zusammendrükkend, was die Stadt enthält, mächtiger und massiger als selbst die Kirche, wenn sie auch mit der äußersten Turmspitze höher aufragt. Es ist das Schloß, auf dem Platz der alten Stadtburg errichtet zur Zeit der zweiten Blüte der Fürstenmacht, die seit Ende des sechzehnten Jahrhunderts alles unterjochend an die Stelle des erschlafften Bürgertums getreten war. Unser Hamburger Baumeister Sonnin, der Erbauer der Michaeliskirche, hat dem alten Schloß seine heutige Gestalt gegeben. Auf ihn wird auch der weitaus schönste Privatbau Kiels, das Schweffelsche Haus zurückgeführt. Als im achtzehnten Jahrhundert das Land sicher geworden, wurde auch dem Kieler Schloß ein großer Park angefügt, der am Strand der Föhrde entlang weit ins Land führte. Zwei mächtige Alleen schlossen ein Blumenparterre ein, das in der Ferne am Abhange der Hügelreihe in eine Terrassenanlage überging. Wie überall wurde im neunzehnten Jahrhundert, als die absolute Fürstenmacht ausgeklungen war, dieser Park der neuen Macht des Bürgertums ausgeliefert, und der Schloßgarten zog sich auf ein enges, wohlumfriedetes Gelände am Schloß zurück. Die alten hohen Baumgänge fassen nun die öffentlichen Schmuckanlagen ein, und sie sind nicht mehr auf das Schloß orientiert, sondern auf das Repräsentationsgebäude einer anderen Macht, der Universität, die, im 17. Jahrhundert vom Fürstentum gegründet, nach vielen Schicksalen, zeitweilig fast völlig untergegangen — 1765 konnte sie ihr hundertjähriges Bestehen nicht feiern, weil sie keine Räume und keine Studenten mehr hatte — im neunzehnten Jahrhundert Stadt und Land beherrscht hat . . .

Ein ungenannter Begleiter des englischen Gesandten am dänischen Hofe, Vernon, berichtet im Jahre 1702

. . . Die Kirche ist ziemlich groß, doch mehr verdient das Schloß gesehen zu werden, das Front gegen die Stadt macht, an der Nordseite liegt und im Osten von der See bespült wird. Gemächer hat es in großer Menge und die des Herzogs sind gut möblirt. Sein Bett ist von Brocat mit Silbergrund und goldenen Blumen, gefüttert mit einem weißen Seidenstoffe mit silbernen Blumen; die Tapeten sind von einem reichen Stoffe . . .

In einem Zimmer sah ich unter den Bildnissen mehrerer Fürsten auch die sehr ähnlichen des Prinzen Georg von Dännemark und der Königin, seiner Gemahlin. Die Capelle ist groß und schön; sie hat an zwei Seiten Gallerien, um die rund herum Reliefs aus Marmor mit Goldverzierungen laufen, welche Scenen aus der heiligen Schrift enthalten; alle Bänke, Balustraden etc. sind weiß gemalt mit goldenen Leisten. Ueber dem Altar befindet sich eine Kreuzigung, mit einer Büßenden auf den Knieen am Fuße des Kreuzes, von einem guten Maler.

Aus den Zimmern des Schlosses genießt man einer schönen Aussicht. Rechts oder gegen Osten ist das Meer, das die Mauern und die eine Seite des Gartens bespült, und jenseits des Busens eine schöne mit

Wald bedeckte Gegend; auch zur Linken sieht man einen kleinen Meeresarm mit einer angenehmen Umgebung. Hier führt eine Reihe Häuser nach dem Dorfe *Brunswick*, das aber unter einer andern Behörde steht.
Der Garten liegt gerade hinter dem Schlosse, längs dem Meere. Er hat mehr als 200 Schritte in der Breite und besteht aus einer Terrasse in gleichem Niveau mit dem Schloßgrunde; von da steigt man nach gut unterhaltenen und mit Blumen bepflanzten Parterren, wo ein Bassin mit Springbrunnen sich findet. Dann folgt ein Labyrinth, dessen Hekken freilich noch nicht groß sind, das aber schön werden wird. Es folgen wieder Parterren, und dann eine zweite Terrasse von zwei Etagen. Der Garten ist erst vor einigen Jahren angelegt, wird aber mit der Zeit ein sehr hübscher Ort werden, da man so leicht Wasser für die Springbrunnen von der am Nordende des Gartens liegenden Anhöhe haben kann . . .

Die Nachtigallen im Schloßgarten (1817)

J. Taillefas

. . . Der Schloßgarten ist im alten, französischem Geschmack – aber die Hecken gewähren Schutz gegen die rauhen Ostwinde. Er steht den Kielern zu jeder Tageszeit offen. An jedem heitern Tage benutzet ihn die schöne Welt, um sich zu ergehen. Als Beweis des ästhetischen Gefühls der Kieler Einwohner möge der Nachtigallen-Wächter im Schloßgarten gelten, der, während der Nachtigallenzeit gehalten wird, um allen Frevel der Störenfriede und bösen Buben zu wehren. Die Nachtigallen erkennen es mit Danck: – sie mehren sich sehr und ergötzen in lauen Nächten das Ohr des Horchenden . . .

Von dem Blauwal im Zoologischen Museum in Kiel

Uta Willms

Viel ist von dem Blauwal nicht zu sehen, aber das bißchen nimmt schon die ganze Länge der Haupthalle im Zoologischen Museum ein. Und das, obwohl dieser Blauwal noch gar nicht ausgewachsen war und man zu seiner eigentlichen Größe die Fluke dazurechnen müßte.
Als vor über hundert Jahren die Besatzung des Zollkreuzers „List" ihn auf einer Sandbank bei Sylt entdeckte, wird sie sich gefreut haben. So gefahrlos und einfach konnte zu der Zeit kein Walfänger einen Wal erlegen. Und schon gar nicht einen Blauwal, der jedem Segelschiff und jedem Ruderboot und jeder von Hand geworfenen Harpune mit Leichtigkeit davonschwamm. Das wußten die Männer. Sie ließen ein Ruderboot zu Wasser, ruderten dicht an den Blauwal heran und schlugen ihm mit dem Beil die Fluke ab. Er blutete auf der Sandbank aus. Sie zogen ihm ein Tau durch das Maul, befestigten dies am Heck ihres Kreuzers und schleppten ihn bei der nächsten Flut an den Strand. Dort liefen die Menschen zusammen, um das riesige, aufregende Tier zu betrachten. Graublau lag es auf dem gelben Sand wie ein gekentertes Schiff. Die Sommersonne schien auf seine dünne, glatte Haut und trocknete sie aus. Einige kannten sich im Walfang aus. Und einer meinte: „Der ist ja fast noch ein Kind! 13 m! Was ist das für eine Länge bei einem Blauwal! 30 m brächten mehr." Er dachte dabei an das Öl, das man aus seinem Speck kochen würde. Die alte Frau neben ihm stellte sich mit dem Rücken gegen den Wind, raffte ihren langen schwarzen Rock vor dem Bauch zusammen und sagte: „Das ist besser als gar nichts. Wir werden sein Öl gut gebrauchen können." Ein paar von den vielen, die um den Wal herumgingen, sahen still und beinahe traurig auf ihn, als sagten sie zu sich selber: „Schade, er war noch so jung. Er hätte noch leben können."
Aber wie wunderbar er in den Meeren gelebt hatte, konnten sie sich nicht vorstellen. Sie wußten zu wenig über ihn. Obwohl die Menschen mit den Blauwalen auf der Erde zusammen sind, seit es Menschen gibt und die Blauwale immer die größten Tiere waren. Nicht einmal wir haben ihr Leben gründlich erforscht und können vieles nur vermuten. Obwohl ihre Größe und Kraft uns keine Angst mehr machen und wir sie mit unseren Schiffen überholen und sie schon fast ausgerottet haben.

Es muß ungefähr ein und ein halbes Jahr vor diesem Sommertag gewesen sein, da hielten sich seine Eltern in dem wärmeren Wasser des Atlantischen Ozeans in der Nähe der Kapverdischen Inseln auf. Und dort drängte eines Tages aus dem Bauch der Mutter der kleine Wal. Zuerst die Fluke, herzförmig, dann der Bauch, dann die Brust mit den Flossen und als letztes der Kopf. Der junge Blauwal war geboren. Gleich berührte ihn eine der Brustflossen seiner Mutter, und er wurde an die Wasseroberfläche getragen. Er atmete ein und aus, und sein kleiner Blas war zum ersten Mal neben dem großen Blas seiner Eltern über dem Ozean zu sehen. Er atmete wieder, und sein Atem gehörte nun zu der Welt wie der Atem unserer Urgroßeltern. Er tauchte ein wenig unter. Das grünblau schimmernde Wasser umschloß seinen Körper. Er tauchte wieder auf. Das Sonnenlicht spiegelte sich auf seinem nassen Kopf und Rücken, und der Wind wehte über ihn hinweg. Er bewegte seine Fluke, aber er war noch schwach. Er hörte die Gespräche und den Gesang der Eltern, deren Töne er schon kennengelernt hatte, als seine Mutter ihn noch im Bauch trug. Jetzt mischte er sich in ihre Gespräche ein, und seine Eltern schwiegen. Wie hätten sie ihn sonst verstehen können?
Als er Hunger bekam, legte er seinen Kopf an den Körper der Mutter und fand die Stelle, an der sie ihm Milch geben konnte, so viel, wie ein kleiner Blauwal braucht, um satt zu werden. Er wurde kräftiger und lernte viel schneller schwimmen, als wir laufen. Zuerst blieb er immer dicht neben seiner Mutter. Ab und zu rieb er seinen Körper an ihrem, nur so zum Spaß. Dann probierte er neue Wege aus. Er schwamm um die Eltern herum, eine kleine Weile unter ihren hell schimmernden Bäuchen, ein paar Flukenschläge über ihnen, überholte sie sogar und schwamm ihnen voraus. Das strengte ihn so sehr an, daß er sich gleich danach auf die Wasseroberfläche legte und einschlief. Die Eltern blieben während der Zeit bei ihm und paßten auf ihn auf. Ein andermal probierte er das Schnellschwimmen und kam schon ganz schön in Fahrt. Anschließend ruhte er sich auf dem Rücken seiner Mutter aus. Das war ein günstiger Platz. Er nahm alle Wesen wahr, die ihnen begegneten: Kleine und größere Fische, stumme und grunzende, klappernde Krebse und große Fischschwärme. Und er konnte es einfach nicht übersehen: Seine Eltern waren die größten!
Aber wie nahm er das wahr? Mit seinen kleinen Augen? Auch, aber vor allem mit seinem besonderen, einem Sonar-System ähnlichen Orientierungssinn. Wir ahnen seine Fähigkeiten, von denen damals nicht einmal die Fachleute des Museums in Kiel die geringste Vorstellung hatten!

Einmal führten die Eltern den kleinen Wal in die Nähe eines Segelschiffes. Es lag an diesem windstillen Tag mit eingezogenen Segeln ruhig auf dem Meer. Bootsmannsstühle hingen außenbords, und ein paar Seeleute saßen darin, jeder in einem, und strichen den hölzernen Bauch. Langsam umkreisten die Wale das Schiff. Ganz dicht kamen sie heran. Der kleine Wal schwamm unter den Seeleuten hin und her. Unter einem hielt er an, als wollte er mit ihm ins Gespräch kommen. Der Seemann sah erstaunt zu ihm hinunter und war sicher, daß er seinetwegen bei ihm war. Ihm wurden die Füße feucht von dem Blas des kleinen Wals. Warum fühlte er sich von dem Seemann angezogen? Spürte er, daß dieses Wesen ihm ähnlicher war als alle anderen, die er im Meer getroffen hatte?
Von seiner Geburt an wurde die Speckschicht seiner Mutter immer dünner, aber er wuchs und nahm zentnerweise zu. Und eines Tages machten sich die Eltern mit ihrem Kind zusammen auf den weiten Weg vom Äquator zum Nordpolarmeer. Als wäre ihnen ein Kompaß eingebaut, fanden sie ihn am Tag und in der Nacht, meistens in weiter Entfernung von den Küsten Europas. Dabei schwammen sie niemals schneller, als ihr Kind schwimmen konnte. Sie erreichten das Meer in der Jahreszeit, in der es am Nordpol nicht dunkel wird und weite Teile vom Eis befreit sind. Hier trafen sie andere Meeresbewohner als am Äquator. Sie tauchten durch Schwärme winzig kleiner Krebse. Der kleine Wal sah, daß die Eltern ihren Mund mitten im Krebsschwarm öffneten und wieder schlossen und dann das Wasser zwischen den Barten hervorquoll. Die Krebse blieben in den Barten hängen, und seine Eltern ließen sie sich schmecken. Ab und zu machte der kleine Wal es ihnen nach. Aber noch trank er die Milch seiner Mutter lieber, und er mußte sich nur langsam daran gewöhnen, auch kleine Krebse und Fische zu essen.
Ein Jahr nach seiner ersten großen Wanderung schwamm er wieder Richtung Nordpolarmeer. Er war um mehrere Meter gewachsen, kräftiger, erfahrener im Gebrauch seiner Sinne und vielleicht allein, um die Meere zu erkunden. Diesmal verlor er in der Nordsee die Orientierung. Warum? Warum ließ er sich von der Ebbe überraschen? Hatte das ungewohnte, für seine Ohren betäubend laute Motorengeräusch des Zollkreuzers, das für ihn meilenweit das Meer erfüllte, seine empfindliche Wahrnehmung gestört?
Das Ereignis von dem gestrandeten Blauwal sprach sich herum. In Kiel interessierte man sich für ihn, und das Kieler Museum kaufte sein Skelett.
Ich stehe in dem großen Saal des Zoologischen Museums und wandere

mit den Augen noch einmal von den schwarzen Barten über die starken Kieferknochen, die Wirbel entlang bis zu dem letzten, nach dem, als der Blauwal noch im Meer zu Hause war, seine Fluke schlug.

Auf der Spiellinie

Bodo Heimann

Auf der Spiellinie
nehmen die Kinder die Eltern
an die Hand und spielen mit ihnen
Kinder und Eltern.

Gleich daneben in Landtag und Ministerien
spielen die Menschen
regieren, andere
auf der anderen Seite der Förde
arbeiten bei Howaldt.

Im Univiertel spielen einige
forschen, lehren und lernen,
der Mensch sei nur Mensch,
wo er spielt, schrieb Schiller.

Ob die Zerstörer im Tirpitzhafen
im Ernstfall mitspielen würden,
fragen sich einige
Russen, Gäste zur Kieler Woche.

In den Theatern und auf den Straßen
spielen Theater und Straßentheater
Theater und Straßentheater vor und mit
mitspielendem Publikum.

In den Stadtteilen spielen sie
Stadtteilkultur,

in den Wohnungen spielen sie
Wohnkultur,
beinahe so echt,
wie der Schmied im Freilichtmuseum schmiedet.
Gibt es das wirklich, ein Freilichtmuseum
so groß wie Kiel, am Rande
ein Freilichtmuseum mit richtigen
Bauernhäusern wie auf Postkarten,
mit richtigen Menschen darin,
die sich wie Menschen benehmen,
gibt es das wirklich,
ein Spielplatz
so groß wie Kiel mit vielen tausend
Spielern und Gastspielern.

Manche freilich im Klinikviertel
werden im Ernst geboren,
manche im Ernst geheilt,
manche –

„Ach, he ohle Semmelfoot, . . ." (um 1845)

Friedrich von Esmarch

. . . Auch an mancherlei gar lustigen Erlebnissen fehlt es nicht: So ist mir unauslöschlich im Gedächtnis geblieben eine scherzhafte Episode, die zugleich ein Bild gibt von der damals beliebten Methode der Behandlung von Irren. Professor *Meyn* führte uns (Studenten) eines Tages eine Irre vor, deren Wahnsinn sich darin aussprach, daß sie jeden, der sich ihr nahte, mit den abscheulichsten Schimpfwörtern überschüttete. Sie besaß eine große Fertigkeit darin, neue Schimpfwörter zu bilden, und bewies, wie Professor Meyn ausführte, dabei nicht selten einen ungewöhnlichen Witz und Scharfsinn. „Durch Anwendung der kräftigsten Ableitungsmittel", begann der Herr Professor seine klinische Vorführung, „ist es gelungen, die Kranke wieder herzustellen. Es wurde ihr zuerst die Zwangsjacke angezogen und sie in den

Zwangsstuhl eingeschnürt. Ich versuchte dann, durch gütliches Zureden und psychische Einwirkung die Frau auf bessere Gedanken zu bringen. Als dies fruchtlos blieb, schritten wir zur Anwendung schärferer Mittel, bis es uns schließlich gelungen ist, der Krankheit, wie ich bestimmt hoffe, für immer Herr zu werden. Nicht wahr, liebe Frau, sie ist jetzt ganz vernünftig?" Kaum hatte der Professor diese Frage an die Frau gerichtet, da ergoß sich ein Strom von Schimpfworten über den verdutzten, in seinen Erwartungen und Hoffnungen so arg getäuschten Dozenten, daß er in seinem Voraussagen von da an weniger zuversichtlich wurde: „Ach, he ohle Semmelfoot, so'n dummes Tüch schnackt he alle Dag, avers son Döskopp schall mi Gottverdammi nix wies maken, quählt hett he mi as en Tuts (Frosch). So'n ohle Krustenbieter, so'n ohles Poggengesicht."

Meine Schulzeit im Dritten Reich

Peter Wapnewski

Wir Schüler: Ich weiß ja nicht, wie es andernorts war, aber bei uns gab es keine fanatische, keine passionierte, keine heftige Jugend Hitlers. Sie alle machten eben mit, lustlos einige, lustvoll andere, gleichgültig viele, manche waren „Führer" und zierten ihre Uniform mit einer Schnur. Wenn einer aber sich schwertat mit dem „Dienst", etwa den Heimabend schwänzte oder seinen Sonntag für sich haben wollte, dann verlor er erst sein Halstuch (weithin sichtbares Schandmal, der leere Fleck), flog dann heraus aus seiner sogenannten Einheit. Die Klassengemeinschaft aber rührte das nicht. Man versuchte, dem Staat zu geben, was des Staates war (was er jedenfalls einforderte), und war im übrigen privat. Diese Jugend hatte ihre offizielle Hymne, – ich habe nie erlebt, daß sie nach Text und Melodie je wirklich gesungen wurde, wir stockten und kippten dann ab: „Unsere Fahne flattert uns voran . . ." so der Refrain. Auch der Sohn des Gauleiters und der des Kreisleiters und Oberbürgermeisters wußten es nicht besser, sie waren für einige Jahre meine Klassenkameraden, ganz nette Jungs und (obwohl es heute billig klingt, aber es ist nun einmal die Wahrheit:) recht dumm.

Was freilich „Widerstand" bedeutete, das wußten wir nicht, wollten es nicht wissen, ahnten es kaum. Und was aus ihren jüdischen Kollegen und Mitbürgern geworden war, das behielten die Eltern schön für sich. Sofern sie nicht auf Führers Fahne schworen, tarnten sie sich, – tarnten sich so perfekt, daß die Tarnung schon kaum mehr zu unterscheiden war von der durch sie zu schützenden Substanz.
Ein merkwürdiges Ensemble: Lehrer mit dem Braunhemd unter dem Bratenrock, mit Parteiabzeichen und markigen Reden, Lehrer als SA-Mitglieder und Parteigenossen: ihre Schüler nahmen das alles träge hin wie naturgegeben und taten ihren „Dienst" als schicksalsbestimmt – und suchten, wie nicht selten in der deutschen Geschichte, ihre Freiheit auf leise Weise, nämlich im „Weg nach Innen". Wir lasen Bergengruen (‚Der Großtyrann und das Gericht') und Ernst Jüngers ‚Marmorklippen' und Stefan George, diskutierten solche Texte konspirativ mit dem bewunderten Pastor, der uns konfirmierte. Aus dem gleichen Mangelgefühl und Kompensationsdrang schwärmten wir für Rosita Serrano und für die Big Band von Jack Hilton oder Teddy Stauffer oder Will Glahé und strebten, ein Stenz zu sein, und liefen blind in jedes Kino, wo nämlich Menschen agierten, die nie „Heil Hitler" sagten. Peter Igelhoff, der schnellzungige, sang uns zu seinem Klavier die plappernde Bekenntnis-Melodie dieser geduckten Nation in der Nation: „In meiner Badewanne bin ich Kapitän . . .": gewissermaßen die Banalform eines Credos der „Inneren Emigration".
Wir gruben uns auch auf andere Weise unsere Tunnel in das, was wir wohl als Freiheit verstanden. Kletterten nachts aus dem Schlafzimmer-Fenster und machten uns, sechzehnjährig, auf den Weg in das Wiener Café oder ins Café Wegmann. Adressen, die wenig mit einem Café zu tun, aber den verwegenen Ruf von Nachtlokalen hatten. Den Eintritt verdankten wir unserem Klassenkameraden Alfred, der sich durch die Eigentümlichkeit auszeichnete, daß er schon als Quartaner sich rasieren mußte. Eine hormonelle Frühsteuerung, die wir uns bedenklich mit seiner Herkunft erklärten, war er doch als Sohn eines Missionars in China geboren.
So erlebten wir dann tolle Nächte, tranken ein Gläschen Likör oder auch zwei, vom Kellner widerwillig-mißtrauisch angebracht, und wenn wir großen Mut hatten, dann wagten wir uns in Kiels feinste Nachtbar, sie hieß „Halali" und hatte unter anderem den Nachteil, daß dort die Marinefähnriche dominierten und uns banalen Gymnasiasten bei den umworbenen Lyzeumsmädchen nicht die geringste Chance ließen.
Was nun meine Klasse und meine Freunde in ihr betrifft: Nein, „der

Beste" war ich nie, immer war einer besser, Lohmeyer zum Beispiel, oder Laux, und im Sport war ich eine mittlere Flasche, in der Mathematik ein Versager. Meine Feder allerdings hatte in der Klasse eine gewisse Reputation, und so heuerten mich denn die Kameraden an, wenn es galt, einen Hausaufsatz zu schreiben, und entlohnten mich in Naturalien: So Asse zum Beispiel, der mich mit einem Abendessen in hungernder Zeit belohnte, es gab Schwarzbrot und Bückling darauf, auch wies er mit allgemeinen Wendungen auf die Reize seiner etwa gleichaltrigen Schwester hin. Sie mögen bedeutend gewesen sein, ich hatte indes nur unklare Vorstellungen von dem Glück, das sich mit dergleichen verbinden ließ, wir waren eine langsame Generation. Die übrigens auch vom Tanzen nicht viel hielt, ab und an ein Hausball, ein eher nüchternes Ereignis, und die Tanzstunde im Institut des Ehepaars Gemind in der Holtenauer Straße (Kiels Erste Adresse auf diesem Parkett) war eher eine bürgerliche Pflichtstation als Ausdruck von in Bewegung umgesetzten Gefühlsenergien. Da standen wir, artig aufgereiht, und die Jungens hatten weiße Zwirnhandschuhe an und waren auch sonst adrett angezogen, zirkelten Lancier und Menuettwalzer und Polka und Foxtrott. Foxtrott, der schien uns fast schon wie Jazz, und Jazz hatte den magischen Reiz der „Negermusik", – uns, die wir zu anderer Stunde mit Koppel und Fahrtenmesser Geländespiele absolvierten und exerzierend unsere zackigen Wendungen machten auf rauh gebrüllte Kommandos hin.

Die gleiche Hitler-Jugend aber veranstaltete auch ihre Tennis-Meisterschaften auf den Plätzen am feinen Carolinenweg, da trug man strahlendes Weiß und gar die Hose lang wie Gottfried von Cramm, Gerd Laage machte bella figura und spielte lässig mit den begehrenswertesten Mädchen, für mich reichte es nur zum Platz auf der hohen Schiedsrichterleiter. Eine Enklave, braun war in ihr nur die Asche des Platzes.

Ob es je gelingen wird, einer späteren Generation klar zu machen, daß es ein Stück persönliche Bewährung, ja, so etwas wie privates Heldentum war, wenn man in den Bäckerladen ging und „Guten Morgen!" grüßte? Denn an den Ladentüren mahnte den Kunden ein Schild, das sagte: „Trittst Du hier als Deutscher ein / Soll Dein Gruß Heil Hitler sein!" Ein kleiner Held war auch, wer auf der Straße den Hut lüftete statt – was aus vielen Gründen bequemer war – den rechten Arm zu recken. . . .

Klockenlüden

Klaus Groth

Dat Klockenlüden,
Wat mag't bedüden?
Dicht achter min Garn
Unverwahrn,
Dar schallt dat!
Ton eerstenmal
Schallt dat hendal.

Dar sungn fröher de Lurken
In'n Morgendau,
Int Abendgrau,
Dar woog dat Korn,
Blöh Hecken un Dorn,
Un wenn ik wanner
Un sei' un plant,
So seeg ik rut öwert gröne Land
Eensam.

Lütt Matten de Has',
Mak noch sin Spaß,
Eet vun min Kohl,
Un gungn min Jungs to Schol,
So pruß he herut
Un jag se en Schuder öwer de Hut.

Dar seeg ik Reinke sliken,
Un en Rapphehn mit twölf Küken
Wanner in en Snor
Morgens vörbi an min Dor.
„Dar gat se!"
Seggt bi'n Kaffee
Min Jüngste, un wi keken,
Wa se vöröwerstreken.

Dat weer domals. –
Min Böm wussen op,
Wussen mi öwern Kopp,

Rapphehn un Swans gungn weg:
Wi kregen en Swanenweg.
Brunswik war en Vörstadt,
Kiel war en Weltstadt –
Wat en Vergnögen!

De Vageln seeg man verswinn' –,
Jümmer mehr Minschen, de man nich kenn.
Nie Hüs' warn bu't,
Ut de olen trocken se nich ut.
Rund um mi her
Keem' Schösteens jümmer mehr.
Wer der kak,
Wat he mak,
Dat weer en jeden sin egen Sak. –

De Stadt ward grot,
De Minsch ward lütt:
He kann starben – wer geit noch mit?
He kann verswinn' – he ward ni fehln,
Wo he spazeer, ward annre speln.
Wat he bu un plant,
Sin Hus, sin Land –
En annern ward't kopen.
Dat is all een Wannern un Lopen.
Wat blift noch stan?
Dör den Karkhof sogar
Snitt de Isenbahn.
. . .

Von den Prinsen Filipp

Jochen Steffen

Es ischa nu ein banniges Hühn und Pedühn los wegen den Prinsen Filipp. Er soll scha mit seine grade Haltunk und ein Ahm achter ins

Kreuz die Kielä Woche sonn büschen mehr Fassong gehm. Unnu ischa schon einen Protokollkriech mang die Stadt und die Mackers in Düsternbrook, die dafür bezahlt wern, daß sie so tun, as ob sie uns regiern täten, ausgebrochen. Es geht da'um wie und von wen sonnen Prinsen stannesgemäß verahzet wern soll, kann un darf. Nu komms du!
Da tauchen denn bannige Probleme auf. Assas größte seh ich scha den Mangel an Adel; unter den wir leiden tun. Und den wir noch ham, den ischa schon so degeneriert, daß er für sein Geld ahbeiten muß oder die Subventschonens für die Landwirtschaff brauchen tut. Da kannscha nich den Sinn vons Ganse sein.
Ich un mein Natalje sünd as münnige Schtaatsbürgers natürlich da an intressiert, daß allens 'n büschen akkerat zugehn tut. Wir ham ne Denkschriff ausgeahbeitet. Wir schlagen vor: Erssens müssen mehr Titels geschaffen wern. Deshalb muß den Schtaatsrat erweitert wern. Bis nu ham wir bloß einen Macker mit den Titel. Kein Wunner, daß die Regierung so ratlos is. Den Kollegen machen wir zun Schtaatsratsvorsizzenden. Denn könn wir den Prinsen zeigen, daß wir an Titels dasselbe zu bieten ham as Ulbricht in Rostock.
Zweitens müssen mehr Orden ran. Du kanns die Mackers doch nich mit ne nackte Frackhempbruß an den Prinsen vorbeilatschen lassen. Wir brauchen da'um Lannesordens. Den Viehnannsminisser kricht den Großohden zum Pleitegeier ans blauweißrote Band mit Schähpe. Den Landwittschaffsminisser gehört den gollenen Milchfennich mit Schwerter und Brilljanten. Den Scheff vonnie Lannespressestelle kricht die silberne Kneifzange. Sie is annie Hose zu tragen, weil alle, die ihn glauben, sich die Hose mittie Kneifzange zumachen müssen. Den Innenminisser kricht den Wurßbandohden, weil innie Pollezei alle ehemaligen Oßlandritter und Befreier, treu un feß zusammenhalten, as die Wurß ans Band.
Un denn brauchen wir ehm echchen Adel. Wir sollten den vonnie Seele nehm. Den Minisserpräsidenten soll sich nich mehr bloß Lemke zu Soltenizz nenn, nee, ihm muß Helmut von die Hoffnunkssuppen heißen. Sein Ampsscheff nich bloß Neumann-Sillkoh. Ihm muß den Zusatz kriegen: Ritter des geissigen Samariterohdens. Die Minisserin vonnie Sozealpollitik ernenn wir zu ne Baroness vonnie weiße Salbe. Dafür machen wir den Schulminisser börgerlich. Klaus Kurzjahr.
Unse Vorschläge erhehm kein Anspruch auf Vollstännichkeit. Abers an eins wolln wir noch denken. Damit den Prinsen sich gans as zu Hause fühlt, muß die Lannesregierunk auch die Feßessen bestelln. Sie kann es ganz auf englische Küche, die scha weltbekannt is, weil ihr so schlech is. An Hammels fehlt es bei uns ehmfalls nich. Auch die Un-

terhaltung sollte ihr machen, damit sich den Prinsen as in ein engelschen Klub fühlen tut. Abers, bitte, Stühle mit Seitenlehne. Sons fällt den Schläfer von dieselm.
Um den hohen Gaß vor stürmisches Wetter auf See zu schüzzen, sollte den Minisserpräsidenten seine Rede von vor den Bunnestach, die da nix nüzzete, vor Wind und Wellen halten. Wenn man schon innen Wind schnacken tut, denn annie richtiche Stelle. Von den Bunnestach krichte ihm keine Viehnannsen. Vielleich kricht ihm so die richtige Flaute.
Für den aßreinen Hofknix hat mein Natalje noch ein Tip. Muß so tun, as wenn dir nach ne runtergefallne Mahk bücken soß und stecks in ein zu enges Kohsett. Wirk ehmso gekonnt as netürlich. Nu komms du.

Klaus Groth an seine Braut Doris Finke

Kiel 10 Juni 1859. Abends.

. . . Der Hafen und Düsternbrok sind entzückend schön, schöner noch in dieser Hitze. Man sieht sich nicht satt an dem Blau und dem Grün. Mir ist immer, als schlösse sich die staubige, laute Welt hinter mir, wenn ich auf den grünen Rasen zur Badeanstalt komme. Auch das ist mir nun so herrlich und wunderbar, daß ich gerade dort Deine ersten Tritte, die Spuren des Eindrucks von Dir verfolgen kann. Hin und her schweift meine Phantasie . . .

Das Sommertheater „Tivoli" zu Düsternbrook (um 1850)

Ernst Willkomm

. . . Auf halbem Wege von der Stadt nach dem genannten Badeorte (Düsternbrook) liegt das Sommertheater oder Tivoli. Ich kenne kein schöneres. Die Zuschauerbänke steigen amphitheatralisch in weitem Halbrunde die natürliche Höhe hinan, die von der Kunst in einen blühenden Garten verwandelt worden ist. Am obern Ende liegt ein offenes Säulenhaus, zugleich Wirthschaftslocal und Orchester; tief unten im Grunde das artige Theatergebäude, wo denn am hellen Tage von Abends 6 Uhr an Lustspiele, Possen und Vaudevilles von einer leidlichen Truppe gegeben werden. Vor Beginn des Schauspiels und in den Zwischenacten spielt ein zahlreiches, wohl eingeübtes Musikcorps Ouvertüren, Märsche, Tänze, Opernpiecen etc. Der Eintrittspreis für Musik und Theater beträgt à Person nur 8 Schillinge.
Was diesem Tivoli einen ganz ungewöhnlichen Reiz verleiht und es über jedes andere erhebt, das ist die unvergleichliche Umgebung. Denn nicht nur reiht sich Villa an Villa, Park an Park die Bucht entlang, nicht nur ist die breite Straße von Fußgängern, Wagen und Reitern fortwährend belebt, was man von seinem erhöhten Sitze bequem beobachten kann, man sieht auch durch das Dunkel der Baumkronen und über dieselben hinweg auf die blaue Bucht hinaus, die beim Untergang der Sonne und dem später heraufziehenden Schatten der langsam eintretenden Dämmerung in den prächtigsten Farben schimmert . . .

Wilhelm Raabe an Jensens in Kiel

Braunschweig, 17 Juni 1876.

Liebe Freunde!
. . . Von Lübeck fuhren wir damals nach Kiel; – war es unsere Schuld, daß wir Euch dort nicht besuchen konnten? War es nicht sehr Unrecht

von Euch, daß Ihr damals uns allein nach Düsternbrook hinaus und dann um Brunswik herum laufen ließet? Den ganzen Abend saßen wir bei Marsily und warteten mit dem Thee auf Euch; wer aber nicht kam, das waret Ihr! . . .

Euer

WilhRaabe.

Der Eichenhain

Friedrich v. Matthisson

12 Merz. (1794) (Kiel.)
. . . Hierauf war ich in Düsternbrok, wo man, über den Golf hinaus die Aussicht ins offene Meer hat. Der Eichenhain wo eine Bank am schroffen Ufer ist, hat mir unter allen einsamen Plätzen in freier Natur, mit am meisten gefallen. . . .

Die Baumschule (1797)

Karl August Böttiger

Düsterbrook, d. h. der düstre, schattige Berg, ist ein Vorgebirge, das mit einem alten, heiligen Schauer einflößenden Eichenwalde umkränzt, auf seiner Oberfläche aber, die sich landeinwärts sanft abneigt, vom seel. Hirschfeld auf königliche Unkosten mit einer Baumschule bepflanzt ist, die nun auch nach seinem Tode unterhalten und immer erweitert wird. Es stand vorher nur eine unansehnliche Sommerhütte hier. Seit einigen Jahren aber hat der König ein schönes steinernes Haus mit Kellern und allen Bequemlichkeiten hier erbauen und diese Wohnung dem Professor Moldenhauer anweisen lassen. Dieser ist Oberaufseher über die Baumschule, hat 300 Thaler Gehalt und hat noch mehrere Emolumente, muß aber auch Sommer und Winter hier wohnen. Der wackre Mann hatte eben mit seinem erst vor einigen Wochen aus Hamburg heimgeführten jungen Weibchen eine sehr unruhige Nacht gehabt, da ein heftiges Seegewitter an dieser Landspitze angeprallt war, und sah noch ziemlich verschüchtert aus, als wir ihn fast um die Mittagsstunde überfielen. Während Thee und Butterschnitten in Bereitschaft gesetzt wurden, durchstrich ich mit ihm die Baumschule, die aber freilich im Ganzen noch sehr verwildert aussah. Merkwürdig ist es immer, daß in dieser nördlichen Breite auf einer so stürmischen Höhe eine Baumbepflanzung von solcher Beträchtlichkeit gedeihen konnte. Prof. Moldenhauer sagte mir, daß sie sich jetzt, da sie doch während des Zwischenreichs nach Hirschfeld Tode viel gelitten hätte, doch noch auf 60,000 Stämme beliefe. Die Bauern bekommen die Stämmchen, wenn sie ihre gehörige Reife erhalten haben, in gewissen Quantitäten ohnentgeldlich, und müssen sich solche gegen Scheine abholen. Wenn aber ein königliches Amt einmal durch ist: so darf es nicht wieder kommen. Ein jeder königlicher Bauer kann aber für einen äußerst billigen Preis die ausgewinterten Stämmchen aus der Pflanzung ersetzt erhalten. Da beständig 10 Arbeiter dazu besoldet werden: so könnte wohl noch mehr verlangt werden, als wirklich geleistet wird. Allein der Hr. Professor scheint überhaupt die Sache nicht mit wahrer Liebhaberei zu betreiben, sondern vielmehr die Aufseherstelle als eine Sinecure zu betrachten. Wenigstens schien er wenig Kenntniß von der Literatur seines Faches zu haben, und als ich ihn zum Mitarbeiter an dem *Sicklerschen Obstgärtner*, der hier in Weimar heftweise herauskommt, anwerben wollte: so hatte er von diesem Hauptjournale seines Fachs nicht einmal eine bestimmte Notiz. Wie wenig Naturstudium überhaupt seine Sache sei, beweist folgendes Geschichtchen, das ich schon den Tag vorher ganz zufällig in Kiel gehört hatte. Er hatte sich, als er noch unverheirathet war, zu seiner Oekonomie eine Kuh angeschafft. Das Thier hatte sich auf einem Rasenplatz vor dem Hause gelagert, als sein neuer Besitzer zufällig vorüberging, und mit Entsetzen bemerkte, daß es die Maulsperre oder Zuckungen in den Kinladen haben müsse. Er griff alsbald nach einem Strick, und band der Kuh den leidenden Theil vest zusammen, und rief darauf die Arbeiter aus dem Garten, um Rath zu schaffen. Wie groß war sein Erstaunen, als diese ihm ganz rund erklärten, daß die Kuh so gesund sei, als er selbst, und daß sie so eben im *Wiederkäuen* begriffen gewesen sei.

Auszug der Saatkrähen aus Düsternbrook

Nach einer mündlichen Mitteilung von Klaus Groth

Vor einigen Jahren wurden die Saatkrähen in Düsternbrook zur Plage. Nahe bei Bellevue waren so zahlreiche Nester, daß man ernstlich daran denken mußte, den Wald von diesen Gästen zu säubern. Man schoß nach ihnen und suchte ihre Nester zu zerstören; doch schien alles vergeblich zu sein. Da kamen eines Tages meine Söhne nach Hause mit dem Rufe: „Vater, die Krähen ziehen aus!" „Ach, das ist ja nicht möglich!" „Ja, gewiß, sie ziehen aus und nehmen ihre Nester mit!" „Das muß ich sehen!" rief ich und eilte hinaus. Es war wirklich so; sie nahmen ihre Nester nach und nach im Schnabel mit und flogen ostwärts über den Hafen. Der Umzug dauerte etwa drei Tage, und seit dieser Zeit sind die Krähen aus Düsternbrook verschwunden.

Die Universität

Aus dem Tagebuch des Studenten

Theodor Storm

Da bin ich nun seit einem Vierteljahr unter deutschen Studenten, selbst ein deutscher Student. Ich hatte mir den Studenten anders gedacht: ein Gemisch aus ritterlicher Galanterie, traulicher Heiterkeit, Begeisterung für seinen freien Stand, Geist, Herz und Gefühl für alles Schöne. Aber, was fand ich von alledem?
Mut, Mut allerdings fehlt dem deutschen Studenten nicht. Aber wo trifft man die schöne, jugendliche Poesie des Lebens, die noch unverkümmert ist von den beengenden Verhältnissen der späteren Jahre? Wo die bescheidene Heiterkeit, die ihn charakterisieren sollte und den deutschen Studenten bei allen guten Menschen beliebt machen?
Ich möchte sagen, der Kieler, und ich glaube sagen zu können, der deutsche Student ist entweder ein Mensch, der viel kneipt und trinkt, alle naselang auf der Mensur liegt, sich in Gemeinheiten gefällt, eben von nichts anderem redet als von Kneipereien und Paukereien, sich irgendein schmuckes Dienstmädchen an der Hand hält, die Farben einer Verbindung und, wenn er ihn hat, einen Schnauzbart trägt und nebenbei etwas ins Kolleg geht. Oder er ist arbeitsam, eingezogen, einseitig oder einfältig. Ich mag die rechten vielleicht noch nicht finden können.
Wie schmerzlich entbehre ich einen Gleichgesinnten, der den Klang und die Seele meiner Dichtung verstehen und erwidern mag. Kiel ist schön, sehr schön, die schönste Stadt im schönen Holstein. Aber allerorten auf den belebtesten, volkreichsten Spaziergängen wandle ich allein unter den schönen Holsteinerinnen.

Auf dem Wege nach Düsternbrook an der hohen Allee liegen viele hübsche Gartenhäuser, ich möchte sagen, mit Gemüt und Phantasie gebaut und dekoriert, deren Besitz ich mir oft kindisch gewünscht habe. Unter diesen liegt eins verborgen unter Jasmin und den blühenden Gesträuchen der Heckenrose. Auf das Dach rankt sich Geißblatt und bekränzt auch unten das Fenster des lieblichen Häuschens. Die Hälfte des lauschigen Fensters verhängt eine dunkelrote Gardine, die in das

Innere des Stübchens einen gar lieblichen Dämmerschein zurückwirken muß, in welchen durch das offene Fenster Blütenduft und Nachtigallenschlag hineinströmen mit dem Hauch der lauen Sommernacht. In dieses Häuschen bin ich verliebt, oder eigentlich nicht in das Häuschen, sondern in das, was drinnen sein könnte, in die braunen Locken, in die süßen Lippen, in das Herz, in die Brust, die nur für mich pocht, mit einem Worte, in die schöne, schlanke Jungfrau, die mich aus dem wunderbaren, umlaubten Fenster anschauen könnte. O nur ein Kuß in heimlich duftender Sommernacht durch dieses Fenster, und mein stilles Sehnen –

Kielsches Studenten-Lied

Joachim Beccau

Ihr, die ihr Pallas Opfer bringet
Und deren Fürst Apollo heißt!
Stimmt eure Saiten an und singet,
Denn sollt ein aufgeweckter Geist
Sich immerfort mit Büchern quälen?
Das kann unmöglich stets geschehn,
Denn dieses tun nur schlechte Seelen,
Die mit der Einfalt schwanger gehn.

Dies werte Kiel hegt solche Schätze,
Daran ein Herz sich weiden kann,
Hier leget Venus Strick und Netze,
Dort gibt sich selber Bacchus an,
Die Venus streut die Bahn mit Rosen,
Und Bacchus netzet sie mit Wein,
Drum sind wir froh, obgleich die Hosen
Nicht immer voll Dukaten sein.

Wer schiert sich was um die Halunken,
Die ehrbar sein und sauer sehn,
Wenn auf den Gassen helle Funken
Vom Wetzen aus den Steinen gehn?

Sich steter Qual und Müh ergeben
Und nimmer ohne Sorgen sein,
Ist wahrlich ein pedantisch Leben
Und nimmt der Bursche Sinn nicht ein.

Bisweilen muß man zwar studieren
Und denken an das Dic cur hic;
Bisweilen auch sich divertieren
Und denken an das kurze Glück,
Das aus Studenten Kandidaten
Und aus den Degen Kragen macht,
Ist man denn erst dahin geraten,
So wird die Lust zu spät bedacht.

Wie hoch beglückt bist du zu preisen,
Du weltbekanntes Cimbrien!
Denn dies dein Kiel hat aufzuweisen
Die höchste Weisheit von Athen.
Hier sieht man Klugheit, Schmuck und Liebe
In einerlei Gewichte stehn,
Weil alle drei mit gleichem Triebe
Nach unverfälschter Tugend gehn.
. . .

Kiel als wissenschaftliches Centrum der Herzogthümer

H. Biernatzki

. . . Aber höher als durch all' seine sonstigen Vorzüge steht Kiel als wissenschaftliches Centrum der Herzogthümer durch seine Universität, die Stiftung Herzog Christian Albrechts und seines gescheuten Ministers Joh. Adolf Kielman, Stammvater des Kielmansegge'schen Geschlechts. Das Universitätsgebäude, in einfacher Manier von Sonnin, dem Erbauer der Hamburger Michaeliskirche, zur Zeit der Herrschaft des Großfürsten Paul errichtet, steht nahe vor dem Schlosse. Es ist hier niemals eine der gefeiertsten Hochschulen gewesen, die Zahl der Studirenden hat sich nie viel über 300 erhoben und ist jetzt auf kaum 200 herabgesunken. Aber sie hat wie ein erfrischender ewig träufelnder Thau seit beinahe zweihundert Jahren die dürren Geistesregionen dieser starren Lande befruchtet und ist dadurch von einem unschätzbaren Segen gewesen. Sie hat deutsche Bildung und deutsche Gesinnung über ihre früheren Grenzen hinaus verbreitet, sie hat sie in ihren bisherigen Grenzen gekräftigt und gestärkt. Es würde eine leere materialistische Halbthierart Schleswig-Holstein bevölkern ohne sie, es würde ohne sie eine geistige Wüste seyn. Auch auf Kiel selbst hat dieser Quell edleren Lebens in hohem Maaße kräftigend gewirkt; es ist eine gewisse Frische in das Spießbürgerthum einer Stadt des Butterlandes durch sie übergegangen. Schon durch den Aufenthalt so vieler Wissenschaftsmänner, durch den hier vereinigten ungeschwächten Lebensmuth der studirenden Landeskinder wird ein Menge intellektueller Regsamkeit in dieser Stadt concentrirt, von der Etwas in alle Zustände hineinfließt, weßhalb in den Kielern in der That auch der höchste Grad schleswig-holsteinischer Aufgewecktheit verwirklicht ist. Für die Verschönerung und das äußere Ansehen der Stadt, für tüchtige Communal-Verwaltung und für Erweckung communalen Geistes wird alles Mögliche gethan, selbst – unerhört in diesen Landen – für die Kunst und man findet ein freundliches nettes Theater in der Schuhmacherstraße, aus dem der erregte Kieler leicht ein Ideal macht, außerdem einen Kunstverein, der ein schätzbares Museum im Schlosse begründet hat, dessen treffliche Gypsabgüsse einen erhebenden Eindruck machen. Die das Dasein einer Universität gewöhnlich begleitenden Bildungsmittel, obwohl einige derselben nicht zugänglich genug sind, wirken ebenfalls anregend, das naturhistorische Museum, das anatomische Theater, die Bibliothek im Schlosse, vorzüglich die von Ludwig Meye begründete geognostische Sammlung, die alle Mineralien der Herzogthümer enthält, endlich das sehenswerthe antiquarische Museum in der vlämischen Straße, Eigenthum einer antiquarischen Gesellschaft und höchst interessante Alterthümer aus Schleswig-Holsteins heidnischer Vorzeit in sich fassend. In demselben Gebäude, wo letzteres befindlich ist, hat auch das durch seine unabhängige ehrenvolle Gesinnung und wahrhaft reine Gerechtigkeitsliebe bisher so hochgeachtete Oberappellationsgericht für die drei Herzogthümer sein Domizil. Kiel ist wegen all' dieses Besitzes die einzige Pflegemutter des wenigen zerstreuten Geistes in diesen Landen, es ist die Zuflucht, die einzige entgegenkommende Freistatt des Talentes, es bildet durch seine wissenschaftliche Macht den geistigen, nicht ohne einige leise vornehme Haltung dominirenden Hofstaat der Herzogthümer. Das literarische Leben treibt hier gerade nicht üppige Blüthen, aber doch die schönsten im Lande. In Wort und Schrift wirkt hier namentlich Harms durch seine poesiereichen und gedankenschweren Leistungen bald hemmend auf die leichtsinnige Beweglichkeit der Kieler, bald adelnd auf ihren schleswig-holsteinischen Materialismus. Anregend in ganz anderer Richtung wirkt dagegen unermüdlich das Kieler Korrespondenzblatt, wohl zu unterscheiden von seinem von Hoffmann v. Fallersleben unsterblich gemachten Hamburger Namensvetter, das radicalste Blatt des Landes, das sich dazu von dem wissenschaftlichen Kieler Hofstaat einen Autoritätsnimbus erborgt hat, immer nagend und beißend und heilsam aufspürend, von der Lust, eine Art sanfter Marat'scher Volksfreund zu sein, durchdrungen, freilich ohne den Hintergrund der Guillotine aber doch mit dem von etwas crasser Reform, immer am besten und schlimmsten durch das, was es verschweigt, durch das Verbissene schärfer wie durch das Beißende namentlich jetzt, wo die einzige Größe des ganzen Landes in verbissenem Groll besteht. Der eigentliche Kieler liebt übrigens den Radicalismus trotz der berühmten Orthodoxie in seinen Mauern, er ist zu mobil, um historisch, zu erweckt, um positiv, und dabei doch zu schleswig-holsteinisch materiell, um poetisch zu seyn. Eine gewisse Vergnügungssucht, eine Art Hamburgspielen geht durch alle Kreise der bürgerlichen Gesellschaft, weshalb auch die Capitalkräfte hier nicht allzu groß sind; was man hat, verbraucht man. Dieses leichtfüßige Wesen sondert die Kieler ziemlich streng von den übrigen Schleswig-Holsteinern, selbst das weibliche Geschlecht hat in Kiel ein lebendigeres Auge wie es sonst Regel im Lande ist; es ist beweglicher und geistvoller und weniger knochig und weniger fettig, ähnlich sich von den übrigen Holsteinerinnen unterscheidend, wie die Berlinerinnen von einer Norddeutschen. Bei großer Empfänglichkeit für Geselligkeit und großen Capazitäten dafür ist in Kiel das gesellige Leben sehr rührig; in der Harmonie besonders besitzt die Stadt eine äußerst wohlhabende gesellige Vereinsstiftung, die musterhaft und Fremden leicht zugänglich ist.

Aus dem Tagebuch eines dänischen Studenten (1777)

A. Ch. Hviid

Kiel, den 12ten Juli. Nachdem ich bei dem vortrefflichsten Wetter die Nacht durchgereist war, kam ich heute Mittag von Lübeck in Kiel an. Die Holsteinischen Postillone sind recht munter, denn sie knallen fortwährend mit ihren langen Peitschen und singen recht hübsch dazu. Mein Kutscher lachte über mich, wenn ich bat, langsam über dem *schrecklichen Steinpflaster* zu fahren; denn die Fuhrknechte sitzen nicht selbst auf dem Wagen, sondern reiten auf dem linken der vordersten Pferde. Meine Wohnung ist in der Flämischen Straße und der Wirth scheint ein guter alter Mann zu seyn. Nun wird es hier aber auf das Deutsche ankommen. In Lübeck war ich schon einige Male darüber mit meinem Wechsler in Verlegenheit, bei welchem ich mit vieler Mühe die Erlaubnis auswirkte, meinen Geldbriefwechsel mit ihm auf Dänisch zu führen, da ich ihm versicherte, daß ich weder jetzt noch jemals dahin gelangen würde, gut Deutsch zu schreiben; denn das ist eine schwierige Sprache.

Am 13ten Juli wollte ich einige Professoren besucht haben, fand sie aber nicht zu Hause; man sagte mir, sie wären am Kanal, der jetzt mit großem Eifer gebaut wird. Unterdessen ging ich umher, die Lage der Stadt zu besehen; einige Dänen, die mich begleiteten, machten mich auf die vielen schönen Aussichten aufmerksam. Darauf gingen wir durch den Königlichen Garten längs dem Meerbusen, welchen die See bis zur Stadt bildet, nach einem Ort, Düsternbrook genannt, welcher im Herzen eines dicken Waldes liegt; dies erfreute mich übermäßig. Eine Menge Böte liefen uns vorbei, die nach dem Kanal fuhren; das waren *Burscher*, sagte man mir, sie sangen und musicirten recht angenehm. Am Ende der Bucht, nahe bei der Stadt, machten eine Menge anderer Böte mich aufmerksam, sie waren voll alter Weiber, die umher ruderten; einige fuhren sogar gerade über den Hafen; sie machten einen gewaltigen Lärm und waren sehr häßlich.

Am 16ten Juli. Heute besah ich auch die Arbeit am Kanal. Das ist nun der Ort, wo die Studenten sich erheitern, und wohin sie zu Pferde und zu Wagen, zu Boot und zu Fuß eilen, sobald der Mittag vorüber ist. Ich fand dort eine große Menge Burschen und sah zum ersten Male einen sog. Renommisten, wovon ich schon soviel gehört hatte. Diese gelehrten wandernden Ritter haben ziemlichen Anhang und sehen wie Wer-

ber aus. Sie präsidieren bei den „Landsvaterne", „Duellerne" und „Pusselmauserne", und sind die größte Plage der Prorectores und die Zuflucht der beleidigten Burschen. Diese Kanal-Scene war recht hübsch; man arbeitete grade in einem Walde, und die vielen Buden und Zelte, welche ringsherum aufgeschlagen waren, gewährten einen angenehmen Anblick. Vermittels der einfachen Archimedes-Schraube brachte man alles Wasser aus den Vertiefungen und die Arbeit ging sehr systematisch vor sich. Man sprach viel über den Nutzen dieser Arbeit und des Kanals; allein, da der Plan mir nicht hinreichend bekannt war, so bin ich nicht im Stande, darüber ein Urtheil abzugeben.
Am 17ten Juli machte ich die Bekanntschaft mit Professor *Ehlers* und fand in ihm einen bescheidenen und artigen Mann. Ich hörte ihn pro hospite in seiner Vorlesung mit vielem Vergnügen. Hier wimmelt es überall von den sogenannten Genies. Dies ist eine Art seraphischer Contemplanten, und dadurch von den mystischen unterschieden, daß ihre Braut nicht wie die jener das himmlische Jerusalem, sondern Venus in der Gestalt von Werthers Lotte ist; sie sehen immer mürrisch aus, seufzen, und haben die Erlaubnis, in alle Gesellschaften einzutreten, ohne Jemanden zu begrüßen und ebenso wieder wegzugehen. Der General dieses Ordens bei der Universität kam heute in eine Gesellschaft, wo ich war, ohne Jemand anzusehen, selbst nicht den Wirth oder die Wirthin. Er setzte sich an einen Tisch und schrieb etwas in sein Taschenbuch, rieb beständig den Kopf und sang bisweilen in Klagetönen leise vor sich hin, woraus ich schloß, daß es Elegien wären, worüber er nachsann. Keiner näherte sich ihm, nur ich flüsterte mir zu: daß es gewiß ein großes Genie sey. Ich ließ die Frage laut werden: ob er nicht Vorlesungen hielte?, welches man jedoch verneinte. Gleich darauf ging er weg, ohne einen von uns gewahr zu werden. Da diese Genies Idealisten sind, so läugnen sie, daß die Dinge, welche uns umgeben, wirklich da sind . . .
Am 1sten August. Täglich werde ich von einem wunderlichen Deutschen geplagt, der mit mir speiset und immer allein das Wort bei Tische führet. Er ist Theolog, aber auch außer der Theologie versteht er alles Mögliche. Er hat, wie er sagt, an vielen Stellen zur Wahl gepredigt ich weiß nicht für wieviel Mark lübsch. Hier ist eine Menge Studenten, die schon in Göttingen studirt haben; sie sind aber gesetzlich verpflichtet, auch hier bei der Universität zu liegen, worüber manche seufzen. Es studirt hier gegenwärtig eine Anzahl Grafen, die aber nicht sehr gebildet zu seyn scheinen. Jeder Bursch hat hier seine Geliebte; doch ist keine von den Damen der Stadt, wie ich höre, so angebetet wie Demoiselle M . . . und man wundert sich, daß ich sie nicht

paradiesisch und himmlisch finde. Ein armer junger Bursch hat sich neulich aus Liebe erschossen und zwar durch Göthe's Lotte dazu verleitet. Gott stehe dem bei, der hier einen Augenblick an der Göttlichkeit des Verfassers zweifelt! Die Dänen sind, wie ich merke, nicht so sehr der Schwärmerei ergeben, wie viele Holsteiner, die sogar Verse an den Mond machen.

War ich für das Wissenschaftliche verdorben?

Wilhelm Lehmann

. . . Aus Wandsbek zogen wir in eine Etage in Hamburg-Uhlenhorst. Mein Bruder studierte Theologie in Marburg. Zwischen der Mutter und mir herrschte Kälte. Sie wartete auf Resultate meines Studiums. Ich verharrte in Vagheit, täuschte sie und mich selbst. Es war hohe Zeit, sich zu konzentrieren, die Heimatsuniversität – das war damals Kiel – aufzusuchen und die wesensfremde Arbeit anzufassen, ohne sie länger zu besehen. Jener Traum, wie Mörike zu wohnen, verließ mich nicht. Ich mietete mich in einem kleinen Pavillon ein, der an einsamer Stelle im aufgehügelten, dichten Düsternbrooker Gehölz lag, unweit der See. Er bestand aus einem größeren Raum und einer kleinen, auf Säulen ruhenden Vorstube, in welcher ein altes Waldhüterpaar hauste. Das erschien mir als eine rechte Dichterwohnung, um so mehr, als eine Stormsche Novelle hier gespielt haben soll. Ich hatte mir mittlerweile abgewöhnt, von der Universität Besonderes zu erwarten. Ich hörte bei dem alten Körting, den man in wissenschaftlichen Kreisen nicht ernst nahm und der wie Rübezahl aussah, Altfranzösisch, frühmorgens bei Gering Altnordisch, am Vormittag Alt- und Mittelenglisch bei Holthausen und jeden Tag um die Mittagsstunde die Hauptvorlesung des Germanisten Friedrich Kauffmann über deutsche Grammatik oder die Geschichte der deutschen Sprache. Er galt als moderner Gelehrter, war mit den neuesten Ergebnissen der Forschung vertraut, sehr selbstbewußt und unter seinesgleichen wegen seines rechthaberischen Wesens nicht beliebt. Als kalter, scharfer Mann

glaubte er auf allen Pferden reiten zu können und versuchte sich auch an mythologischen Problemen, so an der Gestalt Baldurs. Als ich in Creuzers „Symbolik und Mythologie der alten Völker" las, fand ich meine Empfindung bestätigt, es fehle Kauffmann an Sinn und Takt: „Also ist der Mythen Deutung nicht jeglichem gegeben, und das, worauf es zuletzt ankommt, läßt sich auch nicht lehren." Ich hörte bei Martius Psychologie und las mit seinem Assistenten Kants Kritik der reinen Vernunft. Aber ich mußte *sehen* und brach immer wieder aus, stahl mich ins zoologische Institut und beteiligte mich an Sektionsübungen. Wir untersuchten Wasserflöhe, Krebse, Teichmuscheln, Regenwürmer, Seeigel, Aalmutter, Dorsche, Kaninchen, zeichneten die bloßgelegten Eingeweide, betteten Querschnitte in Wachs und lernten Mikrotom und Mikroskop handhaben. Die Mitstudenten, meist Mediziner, begriffen nicht, was mich hertrieb. Der Assistent des Professors Brand – dieser erschien nur ab und zu, eine Zigarre im Mund – war ein alter Korpsstudent, mir schon als solcher widrig. War ich für das Wissenschaftliche verdorben? Meine Zeichnungen waren mehr impressionistischer und atmosphärischer als schematischer Natur. Mich plagte das schlechte Gewissen. Den alten Widerwillen gegen die Mitphilologen suchte ich zu bekämpfen, diese Leute seien von vornherein auf ihr kleines Ziel erpicht, ihre Scheuklappen schlössen die Welt aus. Mich hielten sie für einen Vagabunden. Unter ihnen fiel mir Gustav Brockstedt auf als lebhafter, mit persönlicher Kraft arbeitender Wissenschaftler. Als Sohn eines Holzhändlers brauchte er nicht an einen Broterwerb zu denken. Er ging seinen eigenen Weg, vertiefte sich in Quellenstudien und suchte den französischen Ursprung des Nibelungenepos zu erweisen. Er gefiel mir seines frischen, unkleinlichen Ernstes wegen. Für das Dichterische hatte er keinen Sinn; Stehr, meinte er, stelle seine Menschen mit eigenen ästhetischen Gedanken dar. Er war froh, daß er eines Knieschadens wegen vom Militär befreit wurde; der diensttuende Leutnant hatte ihm die Meldung mit den Worten gemacht: „Ich gratuliere, da sparen Sie viel Geld." Er ist zu Beginn des ersten Weltkrieges gefallen. Wir saßen nach Tisch oft zusammen im Café Uhlmann am Kieler Markt, wie es unter Studenten Brauch war.
Ein Kirschbaum streute Blütenblätter auf das Dach meines Pavillons. Nur Matrosen mit ihren Liebchen verirrten sich an die einsame Stätte . . .

Aus dem Reise-Tagebuch (1793)

Johann Kaspar Lavater

Eutin, Samstags abends den 13. Jul.

Gestern Freytags kamen wir, bey schönem heissem Staubwetter wohl nach *Knop* zu Graf Baudissin, wo wir spät zu Mittag assen, viel von Maynz, Dumouriez, Fayette etc. sprachen, Abends nach Kiel fuhren, wo wir den würdigen Hensler verfehlten, den liebenswürdigen, geistreichen Professor *Ehlers*, wo ich verschiedene sahe – dann gieng ich zu *Karl Kramer*, der *Klopstock Er und über ihn* schrieb; wie anders war er als ich mir Ihn dachte! Dann zu dem frommen, gelehrten, bescheidenen Theologus *Geiser*. Dann wieder zu Ehlers, wo von der längstvergessenen Jugendsünde der *Klage eines Patrioten* die Rede war; wir fuhren mit der *Baudissin* (der Reventlow Schwester) zurück und betrachteten noch den Kanal, der die Kommunikation der Ostsee und Nordsee möglich macht, assen spät zu Nacht – und ich kam vor XII Uhr nicht zu Bette. Nach zwölf kam noch ein Expresser von *Kiel*, mich zu einer kranken Tochter einzuladen, die man mich nicht hätte sollen vorbey gehen lassen. Ich schrieb ein Billiet von Unmöglichkeit, dachte aber doch es möglich zu machen; um 4 Uhr (den 13. Julius) stund ich auf, liess ein Billiet zurück, dass man mich nicht suchen solle, ich wär auf Kiel gegangen, wo ich die Reisegefährten erwarten wolle. Ich gieng erst etwas irre, dann kam ich bey schönem, aber heissen Wetter um 6 Uhr nach Kiel (unterwegs las ich in *Baggesens* von Kramern herausgegebenem *Labyrinth*). Ich kam in des *Fabrizius* Haus, alles schlief noch, die Zimmer waren offen, ich kam zum Bette des Herrn Professors, der gleich aufstand, mir von seiner kranken Tochter erzählte, einem sechzehnjährigen, geistreichen Mädchen, die durch einen Fall in Paris einen unheilbar scheinenden Knieschwamm hat. Die Frau Professorin, Schreiberin des Nachts empfangenen Briefes (eine gelehrte Schriftstellersche, berühmte – mir aber gänzlich unbekannte – Dame) kam auch, mir nichts, dir nichts, als ob nichts von dringender Einladung vorgegangen wäre, und kaum konnte ich zu der kranken Tochter kommen. Endlich kam ich – eine stille duldsame, nicht wortreiche Seele, die mir mit ihren jedoch schmerzlich um sie bekümmerten Aeltern zu kontrastieren schien. Ich sagte einige Trostworte zu Ihr und setzte meinen Weg fort. Ich hatte wohl eine Stunde lang zu gehen, bis ich den Wagen ausser Kiel antraf. Die *Baudissin* und Graf Cajus waren in dem einen Wagen, Nette und die Kinder der Baudissin in dem andern, wie war den guten Leuten meinethalben so bange gewesen. Die Baudissins begleiteten uns noch etwa eine Stunde, wir sprachen von verschiedenen Schriftlehren und Schriftstellen, von der Lästerung des Geistes, der Dreyeinigkeit und meiner, wie ich glaubte, einfachen, praktischen, Genuss verschaffenden Idee davon, wobey man weder grübeln noch spekulieren, noch von der Schrift abweichen darf, dann von der Ewigkeit der Höllen Strafen und wie behutsam die Schrift davon spreche und wie man nach ihrem Beyspiele behutsam davon sprechen müsse. Da die Baudissin weg war, mit Cajus von der Selbstverbesserung, Selbstbearbeitung, Selbstkenntniss . . .

„Immer sollen die Frauen getadelt werden." *(1796)*

Henrich Steffens

. . . Die philosophische Facultät beschloß, mir die naturgeschichtlichen Vorträge selbst vor der Promotion zu erlauben, wenn ich in einer durch Professor Fabricius geleiteten Prüfung bestände. Das günstige Urtheil dieses Gelehrten über meine schriftstellerischen Arbeiten hatte besonders diesen Entschluß befördert.

Als ich nun bei Fabricius erschien, um mich zur Prüfung zu melden, erlebte ich eine Scene, die mir unvergeßlich geblieben ist. In einer Ekke der Stube saß auf einem Schemel eine Frau. Ihre Tracht war sehr nachläßig, der Kopf entblößt, die langen Haare hingen über Schultern und Rücken herab; sie war blaß, die Physiognomie bedeutend; sie hatte ein Journal vor sich, und war im Lesen so vertieft, daß sie, als ich hineintrat, meine Gegenwart gar nicht zu bemerken schien, und auch, während ich mit dem Professor sprach, die Augen nicht erhob. Um sie herum bildeten große Haufen von Journalen einen abgesonderten Raum. Zufällig hatte Tags vorher eine Dame in der Gegend reiten wollen; das Pferd hatte sie abgeworfen, und sie war bedeutend beschädigt. Ich tadelte die Unvorsichtigkeit der Dame. Da flogen auf einmal die aufgehäuften Journale auseinander, und die Frau stand zornig mir gegenüber. „Immer", rief sie, „sollen die Frauen getadelt werden; Zufälle, Beschädigungen, die, wenn sie Männer treffen, Theilnahme erregen, rufen, wenn von Frauen die Rede ist, nur Vorwürfe herbei." Immer heftiger, immer lebendiger floß die Rede, die Sprache war gewandt, ja edel; der Gegenstand ihrer Rede war die Unterdrückung der Frauen durch die Männer. Was jetzt Thema des Tages ist, oder wenigstens vor Kurzem war, hörte ich schon damals auf eine überraschende Weise. Ich war, ich gestehe es, erschrocken; ich wußte durchaus nicht, wie ich mich benehmen sollte. Fabricius bemerkte meine Verlegenheit, und stand ganz ruhig auf: „Lassen Sie das gut sein", sagte er etwas leise, zu mir gewandt, und sprach der Frau gütig und beschwichtigend zu. Sie schwieg, und nun wurde ich ihr als ein junger Mann, von dem schon öfter die Rede gewesen war, vorgestellt. Es war die Frau Professorin. Ich hatte eigentlich gar nicht daran gedacht, daß dieser Mann eine Frau hatte; ich hatte nichts von ihr gehört. Der Mann ist todt, eben so die Frau, und ihre Seltsamkeiten sind in ganz Holstein so bekannt, daß ich diesen Auftritt wohl ohne Anstoß habe erzählen können. Sie war sehr gebildet, hatte in allen Sprachen sehr viel gelesen, und begleitete ihren Mann auf seinen Reisen. Fabricius überließ Haus und Kind seiner Frau, und so waren Beide freilich nicht in den besten Händen. Besonders waren er sowohl als sie wegen ihrer grenzenlosen Zerstreuung berühmt. Es war natürlich, daß Fabricius selbst, unter solchen Verhältnissen, sehr nachläßig gekleidet war. Man erzählt, daß, wenn sie auf Reisen gingen, ihre und seine Anzüge unter einander in den Koffer geworfen wurden; die Frau stampfte die Sachen mit den Füßen zusammen und schloß den Koffer zu. – Einst hatten sie mehrere Gäste bis nach Mitternacht bei sich versammelt; ein Reisewagen hielt in der Nacht vor der Thür, die Koffer wurden aufgepackt, und die gemietheten Dienstleute hatten sich entfernt. Als die Gäste fort waren, schloß der Professor das Haus, er und seine Frau bestiegen den Wagen und fuhren ab.

Als sie nach einem Jahre aus Paris zurückkamen, fanden sie den gedeckten Tisch, Tischzeug, Teller, Gläser und die verfaulten Reste der Speisen, wie sie Alles verlassen hatten.

„Springen Sie zu." (1796)

Henrich Steffens

. . . Die Art und Weise, wie ich kurz nach der Eröffnung meiner Vorlesungen die Bekanntschaft des berühmten Juristen *Cramer* machte, war wenigstens ungewöhnlich und originell. Er hatte ein Landhaus in der Vorstadt; ich ward in den Garten geführt; ein lauter Jubel tönte mir entgegen, und ich erblickte einen älteren Mann, der in einem Gange gekrümmt stand, während einige junge Leute, einer nach dem andern, über ihn wegsprangen. Eine ältliche Dame stand in seiner Nähe und sagte, als sie mich erblickte: „Cramer, Steffens ist da!" – „Gut", antwortete der Mann, ohne seine Stellung zu verändern. „Springen Sie zu", setzte er fort, und mir gefiel diese Art, die erste Bekanntschaft mit einem Gelehrten einzuleiten, über die Maßen. Ich sprang wirklich über ihn weg, kehrte mich, als der Sprung glücklich gelungen war, um und machte mein Kompliment. Er reichte mir lachend die Hand; die jungen Leute, die herbeikamen, rühmten die Höhe und Leichtigkeit meines Sprunges; und daß nach einer solchen Einleitung alles steife Ceremoniell verschwunden, und ich als ein alter Bekannter in den geselligen Kreis aufgenommen wurde, versteht sich von selbst. Trotz dieser unbefangenen Weise war Cramer dennoch ein ernster, ruhiger und besonnener Mann. Die tiefe Gründlichkeit seiner Kenntnisse prägte sich in seiner Gestalt ab. Er war bekanntlich der Sohn des als Theologen, Kanzelredner und geistlichen Lieder-Dichter bekannten Kanzlers Cramer. Sein Bruder, ein seltsamer, excentrischer Mensch, ward durch die Revolution nach Paris gelockt, und starb dort, nach mancherlei mislungenen Unternehmungen, in Armut und Elend, als ein Opfer seiner ultrarevolutionairen Gesinnungen . . .

Die vielen teutonischen Figuren (1818)

Dr. W. G. Krüger

. . . Jenseits der Eider verschönert sich der Weg mit seinen Umgebungen und bald ist man in einem der einladendsten Plätze, die Mercur und die deutschen Musen sich je ausgewählt haben.
Kiel ist, wenigstens für eine kurze Bekanntschaft, so liebenswürdig, wie wenige seinesgleichen. Hübsche, Gesundheit blühende Gesichter, nette Bauart, ein malerischer Hafen voll Leben und mit hoch aufgeschmückten waldigen Höhen, Wohlleben ohne auffallende Theurung und große Betriebsamkeit treten sogleich hervor. Zwar die vielen teutonischen Figuren störten ein wenig das Wohlgefallen am Ganzen; allein noch waren sie nicht so grell wie in Halle und gar in Jena, auch in der Masse nicht so vorherrschend.
Wenn die äußere Darstellung der meisten jungen akademischen Bürger schon im Wilhelm Meister mit Recht *fantastisch* heißt: so ist es doch der Phantasie nicht einerlei, wie sich das Fantastische gebehrde. In den ältern Göttinger Almanachen, ja selbst in der Wirklichkeit 1790–95, da ich verschiedene solenne Aufzüge, besonders in Halle, gesehen, war doch ein kräftiger Wuchs, eine edle jugendliche Mannheit, eine offne Fröhlichkeit in mancher Uebereinstimmung mit der Kleidermode. Jetzt aber unsre teutonisirende Jugend in den *Hochschulen!* – – Das kurze weite Wams (schwarz mit blutroth an Ehrentagen, weißer Flaus mit schwarzem Kragen für gewöhnlich) verkürzt die schönsten Figuren und mustert die Schwächlinge zu Donquixotten aus; die ungeheuren Pantalons erinnern an den crassen Matrosen; die Mähne um den Nacken (oft durch Papilloten künstlich gebläht) sticht gegen das schlichte lange Stirnhaar übel ab: und trotz dem Knittel, dem Hieber und Hetzpeitsche weichen mußten, sind sie immer nur kleine und doch nicht niedliche Herkulesse. Ueber dem Haarbau thront nun ein schrägliegendes weißes Mützchen, etwa wie das Innere einer halben Kokosnuß. Aus welchem Gebiete des so wechselreichen deutschen Alterthums hätte man nicht Besseres entlehnen mögen? Oder hat (wie sonst wohl in ernsthaftern Angelegenheiten auf Erden geschehen) auch hier der Oberflächlichste und Anmaßendste das Wort behalten? – Ich wundere mich nur, nicht noch mehr forcirten oder verfälschten Backenbärten begegnet zu seyn.
So wie man ihr neues gereinigtes Teutsch erst ins Halbdeutsche zurück übersetzen muß, um es genießbar und verständlich zu finden, so wird man auch durch die neue Tracht unaufhörlich erinnert, zu den-

ken, sie müssen sich „nur hier" so unerträglich stellen: bald werden sie zu Hause finden und zeigen, daß sie recht „leidlich geblieben sind". . . .

Matthias Claudius an Cai Gr. Reventlow

Wandsbeck, d. 8. Sept. 1801

Hochgebohrener, lieber Herr Cantzeley-Präsident,

Es ist neulich, bei Crentsch in Hamburg, eine so genannte *„Ehrenrettung der Kieler Seminaristen"* herausgekommen. Der Verfasser dieser Schrift, der vielleicht selbst ein Seminarist ist, wenigstens genaue Bekanntschaft mit dem Innern des Seminarii verrät, hat die Ehre der Seminaristen retten wollen und die Schande des Seminarii außer Zweifel gesetzt.

Lesen Sie nur bei ihm, wie mit den heiligen Lehren des *Christlichen Glaubensbekenntnisses* in diesem Institut umgegangen wird, wie die künftigen Leiter der Jugend zu Stolz und Dünkel gebildet, wie sie mit Verachtung gegen die Prediger, die doch die eigentlich im Lande bestellten Lehrer sind, gefüllt, und wie sie, wenn etwa hie oder da ein Prediger geflissen wäre, gute Samen zu säen, im voraus zugerichtet worden, ihn zu zertreten und allen solchen Fleiß zu vereiteln u. so weiter. Kurz der Geist, der nach dieser Schrift – und das Zeugnis kommt aus Freundes Mund – in dem Schulmeister-Seminario zu Kiel kultivirt wird und von da in alle Schulen und die ganze künftige Generation des Landes fließet, ist dem wahren, allein selig machenden Geist des Christentums so schnurstraks entgegen und so zum Verderben geartet, daß ein jeder rechtlicher und einigermaßen sachkundiger Einwohner vor den Folgen erschrickt und Gewissens halber nicht umhin kann: nicht jene Schrift, sondern das Institut das darin verteidiget wird, förmlich zu denuncieren und zu bitten, daß dem Unfug gesteuert werde.

Und zwar würde durch eine etwaige Abänderung oder Verbesserung wenig ausgerichtet werden. Dieser selbstkluge Geist kann nicht gebessert, sondern muß ausgerottet werden. Warum soll auch ein Schulmeister-Seminarium grade an dem Ort einer Universität sein müssen? Lieber an einem ganz unberühmten und unbekannten Ort, wo auch der Schein der Weisheit den jungen Menschen nicht aufblähen und seine Eitelkeit weiden kann, und wo auch die *würklich* nötigen und nützlichen Kenntnisse in der Stille und mit Bescheidenheit gelehrt würden, unter Aufsicht eines *Ehrwürdigen* Predigers, an dem die künftigen Schulmeister sichtbarlich sähen, was die Furcht Gottes und der Glaube an Christum aus dem Menschen machen kann und machen soll, und so inne würden, daß die und jene nützlichen Kentnisse wohl gut und aller Ehren wert sind, daß aber die wahre Besserung der Menschen ein ander Ding sei und auf einem andern Wege gesucht werden müsse.

Ich habe die Ehre

Matthias Claudius

Ein Pistolenduell (1839)

Rudolf Schleiden

. . . Da trat ein völlig unerwarteter und, was mich selbst betrifft, ziemlich unverschuldeter Zwischenfall ein, der für mein künftiges Leben und meine weitere Entwicklung von großer Bedeutung ward. Um eine Differenz zwischen meinen früheren Corpsgenossen und dem Wirth ihres regelmäßigen Versammlungslocals zu schlichten, ging ich, auf das von beiden Seiten an mich gerichtete Ersuchen, Mitte Januar (1839) eines Abends wieder einmal dorthin. Die Sache wurde rasch in befriedigender Weise erledigt. Der schöne Gesang eines der Freunde veranlaßte mich, sitzen zu bleiben, unbekümmert darum, daß an einem anderen Tische einige Studenten saßen, mit denen ich längst auf einem so gespannten Fuße stand, daß wir uns nicht mehr grüßten. Einer derselben, ein Thüringer, stud. phil. D., benahm sich so ungehörig, daß ich mich, da der Senior der Saxonen nicht anwesend war, verpflichtet fühlte, ihn sehr entschieden zur Ruhe zu verweisen. Am folgenden Tage erhielt ich ein Billet von ihm, das ich nur mit einer geschärften Forderung auf Pistolen beantworten konnte. Sagt doch schon ein spanisches Sprüchwort: „Eine Gänsefeder verletzt oft mehr als eine Löwenklaue." Es herrschte damals in Kiel die Unsitte, wegen der unbedeutendsten Dinge auf Pistolen loszugehen. Ich selbst hatte schon vier solche Duelle gehabt, jedoch jedesmal nur auf mich schießen lassen und nicht wieder geschossen, weil ich in allen Fällen der Geforderte war, und der Gegenstand mir nicht ernst genug für solche Waffe erschien. Gambetta und der französische Minister de Fortou glaubten im November 1878 ihrer Ehre genug zu thun, wenn sie auf 30 Schritte Entfernung Eine Kugel wechselten. Bei den Kieler Studenten bildeten eine Distanz von 10 – 12 Schritten und 1 – 3 Kugeln die Regel; aber sie pflegten sich eben so wenig dabei zu verletzen, wie die beiden Franzosen. Bei den nach Dutzenden zählenden Pistolenduellen zu meiner Zeit war nur ein einziges Mal eine ernstere Verwundung vorgekommen. Ich ließ jetzt meinen Gegner auf 10 Schritte Ziel und so viele Kugeln fordern, bis etwas falle. Form und Inhalt seines Billets schienen mir das nach dem damaligen Brauch um so mehr zu gebieten, weil ich wußte, daß D. früher gegen einen gemeinschaftlichen Bekannten geäußert hatte: wenn er einmal mit mir losgehe, müsse einer von uns auf dem Platze bleiben. So schmerzlich es mir auch war, meine ganze Existenz einem Menschen gegenüber aufs Spiel zu setzen, den ich nicht sonderlich achtete, und vielleicht das Leben zu verlieren, ehe ich zeigen konnte, was ich – wie ich damals noch glaubte – zu leisten vermöge, bewahrte ich doch meine völlige Ruhe. Nachdem mein Gegner mich auf den folgenden Sonntag Nachmittag, 20. Januar, hatte bestimmen lassen, traf ich alle Vorbereitungen, zeichnete einige letztwillige Verfügungen auf, ordnete meine Papiere, vernichtete andere, schrieb die nöthigen Briefe an meine Mutter und Balemann und nahm meinem Secundanten, dem Senior der Saxonen B., das Ehrenwort ab, mich nicht rächen zu wollen, wenn ich fallen oder schwer verwundet werden sollte. Den letzten Abend brachte ich in vertrautem, ernstem Gespräch mit meinem Freunde Bröcker zu. Als ich am Sonntag Vormittag ein sehr fragmentarisch geführtes Tagebuch für meine Schwester Angelika einsiegeln wollte, fielen mir die Goethe'schen Worte ein:

„Ein Jeder hat, er sei auch wer er mag,
Ein letztes Glück und einen letzten Tag!"

und ich schrieb dieselben noch hinein.

D. und sein Secundant, dem ich auch schon gegenübergestanden hatte, saßen damals wegen einer anderen Sache auf dem Carcer, durften dasselbe jedoch jeden Nachmittag auf zwei Stunden zu einem Spaziergang verlassen. Auf einem solchen trafen wir zur bestimmten Zeit im Düsternbrocker Holz zusammen. Nachdem die beiderseitigen Secundanten die Pistolen gemeinschaftlich geladen hatten, und der meinige einen vergeblichen Versuch gemacht hatte, D. zur Zurücknahme seiner Beleidigung zu bewegen, trat ich diesem gegenüber. Nach dem Wortlaut meiner Forderung mußte ich diesmal schießen, wenn ich

nicht selbst erschossen werden wollte. Ich war ein ziemlich guter Pistolenschütze und beabsichtigte, meinem Gegner einen Streifschuß beizubringen. Meine erste Kugel ging denn auch durch seinen Rock, ohne jedoch seine Haut zu verletzen; die seinige verfehlte ihr Ziel. B. erneuerte den Versöhnungsversuch, der abermals zurückgewiesen wurde. Wir wechselten die Plätze, und in demselben Augenblick, wo ich losdrückte, traf mich D.'s zweite Kugel zwischen dem Schlüsselbein und der rechten Schulter, schlug die hoch aufgezogene, starke, neusilberne Schnalle meines Tragbandes krumm und blieb, etwas abgeplattet, mit den Zacken derselben vorn im Fleisch sitzen. Ich vermochte mich kaum aufrecht zu halten. Meine Kugel flog in Folge der Erschütterung weit über den Kopf des Gegners weg. Das Duell wurde für beendet erklärt. D. und sein Begleiter entfernten sich, und die beiden hinzugezogenen jungen Mediciner constatirten, als sie mich in einem in der Nähe befindlichen Hause untersuchten, daß weder der Schulterknochen gebrochen, noch die Arterie verletzt war, die Schnalle mich geschützt hatte. Sie waren noch mit Anlegung des Verbandes beschäftigt, als D. mit seinem Secundanten zurückkehrte und sich nicht scheute, in meiner Gegenwart die Vermuthung auszusprechen, die Pistolen seien wohl nicht gehörig geladen gewesen. B. wies darauf hin, daß der Gegensecundant sie ja selbst mitgeladen habe, und erklärte mit Entschiedenheit von Neuem das Duell für beendigt. Er lehnte es auch ab, weiter zu secundiren, als ich mich, da D. fortfuhr zu drängen, bereit erklärte, sofort weiter loszugehen, was mir meines Armes wegen am folgenden Tage vielleicht nicht möglich sein würde. Das Intermezzo endete mit der Verabredung, das Duell am folgenden Nachmittage unter denselben Bedingungen fortzusetzen. Erst später habe ich gehört, daß D. in der Nähe des Hauses von zwei Freunden erwartet war, die ihn, als sie den Ausgang des Duells erfuhren, ohne daß der schützenden Schnalle erwähnt ward, zu seinem sonst kaum begreiflichen Benehmen aufgehetzt haben sollen.
Um die starke Entzündung meiner Schulter zu zertheilen, legte mir einer der Aerzte eine solche Menge von Blutegeln an, daß er und ein paar Freunde es für geboten hielten, nachher die Nacht bei mir zu wa chen, weil es lange nicht gelingen wollte, das Nachbluten zu stillen. Sie hatten mich am Morgen kaum verlassen, und ich lag noch zu Bette, als der Oberpedell hereintrat, mich wegen eines beabsichtigten Pistolenduells mit D. zum Prorector citirte und mir bis dahin Stubenarrest ankündigte. Lächelnd fügte der verständige und discrete Mann mit einem Blick auf mein blutiges Hemd hinzu, es scheine fast, als ob die Citation etwas zu spät komme. Kurz darauf ließ mir D. durch einen sei-

ner Freunde sagen, daß unser verabredetes Duell, da auch ihm die Denunciation angezeigt sei, rückgängig gemacht werden müsse. So konnte ich dem Prorector mit gutem Gewissen mein Ehrenwort geben, daß die Sache beigelegt sei. So unbegreiflich und schmachvoll mir die Denunciation erschien, betrachtete ich diesen Ausgang doch als ein Glück und hoffte, daß es ebensowenig mein letztes Glück gewesen sein werde, wie der 20. Januar mein letzter Tag gewesen war. Ich schrieb am Abend in mein Tagebuch: „Und nun, da mir das Leben wunderbar erhalten ist, will ich bedenken, daß es nur dann Werth hat, wenn ich die Kräfte, die Gott mir gegeben hat, ausbilde und einem würdigen Ziele nachstrebe."

Johann Gottfried Herder an J. H. Müller (1800)

Liebster Müller!
Bald nach Abgang meines Briefes an Sie, den Eutin'schen Vorschlag betreffend, schrieb mir mein und Ihr braver Wilhelm aus Hamburg, „Bonstetten, der seinen Sohn nach Altona gebracht, habe ihn zu sich kommen lassen und habe sich mit ihm über Ihren Aufenthalt und Ruf nach *Kiel* besprochen, auch ihm aufgegeben, daß er's mir melden möchte."

Dies ändert nun freilich den Inhalt meines Briefes über Eutin wesentlich. 1. Sind Sie in Kiel nicht unter Eutin'scher, kleinherrischer, sondern unter dänischer, gütiger, milder, trefflicher Regierung, in einem größern, für's Wohl der Menschheit wirklich arbeitenden Staat, dem besten Europa's.

2. Alle zu nahen Verhältnisse mit jenen Eutinern fallen also weg oder mindern sich durch die Entfernung. Sie können solche enger oder weiter halten, wie Sie wollen.

3. Sie leben auf einer *kleinen* Universität, der vorzüglichsten Lehranstalt, die mir bekannt ist, ohne die treibende Aemulation, ohne das Gewirr und den falschen Glanz großer Universitäten, in einem Kreise, wo Lehrer und Zuhörer einander näher sind und man auf gute Subjec-

te viel inniger, vertrauter, tiefer wirken kann. Werden Sie mit einem guten Gehalt gerufen, so werden Ihnen 10 oder 15 Zuhörer lieber sein, als 100 oder 1500 . . .
Jetzt liegt mir *Kiel* in schönem Lichte, auch des zwanglosen, vermischten Umganges, der schönen Gegend und Nachbarschaft wegen u. s. f. Die Stadt selbst liegt Hügel-up, Hügel-dowe; da habt Ihr also die Schweiz in . . . Die holsteinische Landschaft ist eine wahre . . . , das schönste Grün voll weidender Heerden und Pferde, mit See'n wie beäuget, mit lebendigen Hecken, sogenannten Kämpen, durchflochten, das Meer nicht fern u. s. w.

Addio! –

Herder.

Der Kapp-Putsch in Kiel (1920)

Axel Eggebrecht

In Kiel ging ich allen aus dem Wege, mit denen ich Umgang gehabt hatte. Ulla war nach Südamerika abgereist. In die Universität trottete ich gewohnheitsmäßig, um die Tage hinzubringen. Ich wartete auf irgendein Ereignis, das alles verändern würde. Um die miserable Wahrheit ohne Beschönigung auszusprechen: Ich wartete auf eine Katastrophe.
Eines Tages im März verfolgte ich mit halbem Interesse ein Kolleg über Schopenhauer. Plötzlich wurde die Tür aufgerissen, jemand brüllte: „Schluß! Alles hinunter in die Halle!"
Dort drängten sich schon Hunderte von Kommilitonen aufgeregt um ein paar Offiziere, die bekannt gaben, in Berlin habe sich eine neue Regierung gebildet, die Soziminister seien geflohen. Reichskanzler sei nun der ostpreußische hohe Beamte Kapp, militärischer Oberbefehlshaber der Reichswehrgeneral von Lüttwitz. Wie in Berlin die Brigade Ehrhardt stellten sich überall die Freikorps zur Verfügung der neuen Herren. Auch in Kiel.

Hier war soeben die Brigade Löwenfeld aus Livland eingetroffen. Sie übernahm in der Stadt die Macht. Zu ihrer Verstärkung sollte eine Studentenkompanie aufgestellt werden.
Viele Kommilitonen meldeten sich begeistert. Vor allem Korporierte, die mir von Ansehen her bekannt waren. Mit ihnen wollte ich auch jetzt nichts gemein haben. Ich zögerte. Als ich in höhnisch abweisende Mienen blickte, geschah ein Kurzschluß: Von denen lasse ich mir nichts verderben . . . Die sollen sich wundern! Nun gerade!
Ich setzte meine Unterschrift unter hundert andere. Blindlings, ohne nachzudenken. Gleich darauf ging es hinaus nach Holtenau. In einer Kaserne empfingen wir Armbinden und Gewehre. Niemand fragte danach, ob wir ausgebildet seien, das wurde als selbstverständlich vorausgesetzt. Stundenlang lungerten wir herum, bekamen Verpflegung aus einer Gulaschkanone.
Aus der Stadt waren Schüsse zu hören. Ein Gerücht lief um, die Werftarbeiter hätten Waffenläden geplündert. Mit dem roten Mob würde schnell aufgeräumt werden.
Doch das Schießen verstärkte sich fortwährend.
Um diese Zeit war der Putsch schon gescheitert. Die Reichswehr hatte sich nicht angeschlossen. Ein Generalstreik legte auf Weisung der Gewerkschaften das gesamte öffentliche Leben still. In Kiel kämpfte die gut ausgerüstete Schutzpolizei gemeinsam mit den Arbeiterwehren gegen die Aufständischen.
Von alledem erfuhren wir nichts.
Die Telefonverbindung zur Innenstadt riß ab. Freiwillige für eine Erkundung wurden aufgerufen, ich trat als einer der ersten vor. Zu viert marschierten wir los. Keinen Augenblick lang dachte ich darüber nach, daß ich in ein Unternehmen verstrickt war, das mir völlig gleichgültig war und mit dessen Urhebern mich nichts verband.
Ungehindert gelangten wir bis in die Nähe der Universität. Der Gefechtslärm schwoll an zu ununterbrochenem Hämmern und Gellen. Die Straßen waren unheimliche, leere Schluchten. Hinter einem verlassen dastehenden Straßenbahnwagen standen Freikorpsleute. Sie winkten uns heran, erfreut über die erhoffte Unterstützung, die wir wenigen nicht brachten. Ein Unteroffizier knurrte:
„Besser als gar nichts. Mitkommen!"
Wir bogen in die Muliusstraße ein. Im nächsten Augenblick brach die Hölle los.

Eckhäuser sind oft durch turmartige Aufbauten erkennbar, eine Bauvorschrift aus der Zeit vor 1914 soll das verlangt haben. Solch einen

Zierturm hatte auch das Kaufhaus KEPA an der Bergstraße, Ecke Muliusstraße.

Dort hoch oben saß hinter einem Maschinengewehr der ehemalige Matrose Rudi Kegel, jetzt Führer einer Gruppe der Arbeiterwehr. Neben ihm hockte ein Schupomann. Drei Jahre später tauschten wir in Moskau unsere Erlebnisse aus.

„Wir sahen euch tief unten in der Muliusstraße auftauchen. Jetzt! sagte der Polizist. Ich hob die Hand: Abwarten! Vielleicht würdet ihr nicht weitergehen. Ich mag nicht auf lebende Menschen schießen. Ihr wart ahnungslos. Da drückte er schon auf den Abzugshebel, ein paar von euch erwischte es sofort. Scheußlich. Aber was hättet ihr an unserer Stelle gemacht?"

Das gleiche, ich gab es zu.

Fest presse ich mich in einen verschlossenen Hauseingang. Einem Freikorpsmann ist die Hirnschale weggerissen, zwei andere liegen stöhnend auf dem Pflaster. Blindlings schießen einige auf den unsichtbaren Gegner. Sobald sich jemand bei uns rührt, kommt eine neue MG-Salve.

Der Unteroffizier winkt: Zurück! Wir packen die Verwundeten, rennen ums Leben, im Zickzack, wie gejagte Hasen. Endlos ist die Strecke bis zur Straßenbiegung. Dann sind wir außer Sicht. Keinen Schuß habe ich abgegeben.

Nun erst, da ich gerettet war, stieg heiß die Todesangst bis in den Hals, ich konnte das Zittern nicht unterdrücken. Wir sahen einander nicht an, tappten mit gesenkten Köpfen weiter.

In der langen Holtenauer Straße fanden sich von überallher Trupps der Löwenfelder zusammen. Im Gänsemarsch ging es dicht an den Häusern entlang, jeden Augenblick erwarteten wir, beschossen zu werden. Doch niemand verfolgte uns . . .

ohne segel

Annemarie Zornack

schade! schade daß es heute
um vier so
regnen und stürmen muß
wo doch die Gorch Fock
von lissabon wieder in ihren
heimathafen kiel
einläuft

es klatscht einem das kopftuch
ins gesicht und als
die kapelle loslegt
so richtig mit dschingderassa
bellt yucca wie toll
lang
        kurz
                kurz
                        kurz
                                kurz
heißt gefahr klar
bei dem scheißwetter

die ganze begrüßung im eimer
obwohl sie alle so schön aufgereiht stehn
die jungs

man weiß schon nicht einmal mehr
ob es regentropfen oder
tränen sind die da
bei der winkenden kleinen
an der nase hängen

Ein guter Haven (1797)

J. Meerman

Kiel liegt in einer vortrefflichen Gegend und ist auf allen Seiten von grünen lachenden Hügeln umringt; die Stadt ist nur von mittelmäßiger Größe und war, ehe man eine Vorstadt mit ihr vereinigt und auf dem Orte, wo ehemals eine Festung stand, Häuser angelegt hatte, noch kleiner. Die Straßen durchkreuzen sich freilich auf eine regelmäßige Art, aber die Häuser sind von keiner vorzüglichen oder gefälligen Bauart. Ein guter Haven verstattet den größten Schiffen, bis dicht an die Stadt zu kommen; am Kai, längs welchem ein unbedeutender Spaziergang hinläuft, lagen viele Fahrzeuge. Der Handel ist gleichwohl nicht so stark als er seyn könnte, und besteht zum Theil in Expeditionsgeschäften, zwischen *Hamburg* und *Kopenhagen.* Um *Kiel* zu begünstigen, hat man in dem letztern Orte einen höheren Zoll auf die Waaren gelegt, die von *Lübeck* dahin geführt werden. Aus Schweden wird eine Menge Holz nach *Kiel* gebracht.

Ein echter Kieler Jung

Hans Söhnker

Sommer 1912. Hafenrundfahrt in Kiel. Das Schiff hat abgelegt. Herr Lück, ein Fremdenführer in einer Art Kapitänsuniform, steht an der Reling und erklärt die Sehenswürdigkeiten:
„Das ist das Rathaus, und dort, meine Herrschaften, sehen Sie das Schloß des Prinzen Heinrich. Rechter Hand erkennen Sie den Torpedoboot-Hafen. Wenn Sie sich jetzt bitte einmal umdrehen wollen! Dort drüben liegen unsere prächtigen Kriegsschiffe der Ostseeflotte! Zuerst die ‚Dreadnoughts', die Panzerschlachtschiffe ‚Goeben', ‚Blücher' und ‚Der Große Kurfürst'. Leicht zu erkennen nicht nur an ihrer Größe, sondern auch an den verhältnismäßig kleinen Schornsteinen mit dem schwarzen Rauchfänger. Diese schweren Schlachtschiffe modernster Bauart werden nicht mehr mit Dampf angetrieben. Sie fahren mit einer gänzlich neuen Energiequelle – mit Öl."

Respektvolles Raunen unter den Ortsfremden. Herr Lück, befriedigt von der Wirkung seiner Worte, setzt zu weiteren Erklärungen an: „Rechts von der ‚Goeben' der kleine Kreuzer ‚Köln', und gleich daneben sehen Sie . . ."

„. . . die ‚Emden' liegen", vollendet ein Bengel im schwarzweiß gestreiften Matrosenanzug vorlaut den Satz. Herr Lück macht eine schnelle Wendung, Entrüstung im Blick, und schon hat der Naseweis eine saftige Ohrfeige weg.

Der Naseweis war ich. Hans Albert Edmund Söhnker, seinerzeit gerade neun Jahre alt. Ich hatte Herrn Lück die Show gestohlen. Allerdings ohne böse Absicht. Aus reinem Übereifer. Wie jeder echte Kieler Jung kannte ich natürlich die Namen ‚unserer' Kriegsschiffe genauso gut wie das kleine Einmaleins. Wohl sogar noch etwas besser, denn in der Schule litt ich nicht gerade unter übersprudelndem Wissensdruck.

Erinnerungen an meine Kindheit! Nach mehr als sechs Jahrzehnten eines ereignisreichen, mit vielfältigen Begegnungen prallgefüllten Lebens drängen sie aus dem Dämmer des beinahe Vergessenseins ins Bewußtsein zurück. Ein buntflirrendes, unablässig durcheinanderpurzelndes Kaleidoskop, das sich zu immer neuen Bildern fügt.

Ein großer Festtag in Kiel. Die Lewensauer-Hochbrücke wird eingeweiht. Kaiser Wilhelm II. hat allergnädigst geruht, die Einweihung dieses großartigen Bauwerks persönlich vorzunehmen. Hochgestimmte Erwachsene und fähnchenschwingende Schulkinder bilden Spalier, als das Auto Seiner Majestät in Richtung Kaiser-Wilhelm-Kanal durch die Straßen rollt. Auch der kleine Hans Söhnker steht inmitten seiner Klassenkameraden aufgereiht. Doch im Gegensatz zu ihnen winkt und schreit er nicht. Seine Mütze hat er abgenommen, wie sich's gehört. Aber kein Hurra kommt über seine Lippen. Vater ist Sozialdemokrat. Vater verabscheut Militarismus, nationalistischen Übermut und lautes Säbelrasseln. Deshalb ist er gegen diesen Kaiser. Und ich? Ich bin für Vater. Kein Anlaß also, um diesem selbstherrlichen Wilhelm zuzujubeln.

Nur wenige Jahre später. August 1914. Wilhelm II. hat Vaters Befürchtungen bestätigt. Der Erste Weltkrieg ist ausgebrochen. Noch herrscht nationaler Überschwang. Noch sind erst Deutschland, Österreich, Rußland und Frankreich an diesem blutigen Ringen beteiligt. Aber dann kommt der Tag, an dem ich neben Vater, in einer Menschenmasse eingekeilt, vor dem Aushang der ‚Kieler Neuesten Nachrichten' stehe. Die balkendicke Überschrift des Extrablatts lautet: „England erklärt den Krieg!"

„Das ist der Anfang vom Ende“, sagt Vater.
Damals habe ich ihn nicht ganz verstanden. Doch einige Jahre später, als wir nur noch Rübenmarmelade auf dem Brot hatten; als wir Kinder Säcke mit getrockneten Kohlrüben zur Lagerung in unsere Turnhalle schleppten; als ich Papierschuhe trug; als Mutter weinte, weil sie mir einen Zwieback aus ihrer eisernen Reserve wieder abnehmen mußte – da habe ich Vater begriffen . . .

Klaus Groth an seine Braut Doris Finke

20 Juli (18)59. Mittwoch Abends.
Jeden Abend um diese Zeit geht der Mond links von Neumühlen auf, ich seh ihn hier aus meinem Fenster, sein Licht glitzert auf den Wellenspitzen, allmählich treten dann die jenseitigen Ufer aus der Dunkelheit empor, von Ellerbek höre ich den Wächter, vom Wasser aus in diesem Augenblick das Plätschern und Geplauder von Fischerboten. Ich denke mir, daß unsere Blicke oft dort auf der schönen Scheibe zusammentreffen, Geliebte. Vor dem Badehause sitzen Leute mit Lampen auf dem Tisch, einzelne Spaziergänger wandern noch am Strande . . .

Den ganzen Sommer gab es Krabben

Geert Seelig

Bei meiner Mutter herrschte das strenge absolute System der reichen und schweren holsteinischen Küche, temperiert durch ihre auswärtigen Erfahrungen und den vermeintlichen schwachen Magen meines Vaters. Die schleswig-holsteinische Landwirtschaft, deren Entwicklung zum Teil ja vorbildlich für die des übrigen Deutschlands gewesen ist, brachte Erzeugnisse der Feld- und Viehwirtschaft von allererster

Güte hervor, die, da die überseeische Ausfuhr gering und die binnenländischen Verkehrsmittel schwach waren, zumeist zu mäßigen Preisen im Lande blieben. Dazu lieferte der Kieler Fischfang unzählige Seetiere: Dorsche, Makrelen, Goldbutt, Lachsforellen, Heringe, Bücklinge, Sprotten, Aale, Krabben usw. von einer unvergleichlichen Frische und Feinheit. Erwägt man daneben, was meiner Mutter aus dem eigenen Geflügelhof, was ihr aus dem Garten an Gemüsen, Früchten und Obst zu Gebote stand, so hat man einen Begriff von dem Arsenal, über das sie zu ihren Küchenfeldzügen verfügte. Die eigentliche Kriegskunst war aber ziemlich einfach. Sonntags gab es unweigerlich ein Bratenstück, allerdings von abenteuerlichen Abmessungen, ein wahres Fleischgebirge. So setzte meine Mutter 1869 bei Gelegenheit der deutschen Philologen-Versammlung ihrer Tischgesellschaft eine Kalbskeule von über 20 Pfund vor, ein Gewicht, über das namentlich die mitteldeutschen Gäste, bei denen die ganzen Kälber nicht viel mehr wogen, sich garnicht genug erstaunen konnten. Bei dieser Tagung beklagte übrigens ein bei den Eltern wohnender Marburger Professor sich über das unerhörte Singen der Nachtigallen in unserm Garten, das ihn nicht habe schlafen lassen und das erst verstummt sei, als er mit seinem Stiefelknecht nach den Sängerinnen geworfen habe. Montags und zumeist auch Dienstags erschien selbiger Braten kalt, was wir sehr liebten. Mein Vater, der sich als Mitteldeutscher an den nordischen Brauch des kalten Bratens zum Mittag nicht gewöhnen konnte, bekam irgend etwas Besonderes, ebenso am Donnerstag, wenn es für die übrigen eine holsteinische Mehlspeise: Pfannkuchen, Klöße, Birnen im Teig, Buchweizenpfannkuchen und dergleichen gab. Mittwochs kam der Braten zuletzt als Ragout mit Lorbeerblättern und Essiggurken nebst Kartoffelmus, in aufgebratenen Scheiben oder ähnliches. Freitags war Fischtag. Merkwürdig, daß in der rein protestantischen Stadt so streng an dem katholischen Fastenbrauch noch festgehalten wurde! Die Fische brachte Frau Brägas, die als Fischfrau ausschließlich den ganzen Schwanenweg versorgte. Ich habe sie noch Anfang dieses Jahrhunderts zu ihren alten Kunden humpeln sehen, allerdings nunmehr mit neumodischen Körben. Früher durften bei Leibe nicht die Fische in solchen gebracht werden, sondern nur in besonderen mit einem Henkel versehenen hölzernen Bütten, die innen rot, außen grün gestrichen waren. Die Ware war immer springlebendig; kein Fisch, der nicht erst von Frau Brägas in der Küche geschlachtet wäre. Im Winter gab es jede Woche einmal Dorsch, der recht festes, feinblätteriges Fleisch haben mußte. Mit dem ersten Frost kamen die Pfahlmuscheln, die mein besonderes Leibgericht waren und die ich mir immer an meinem Geburtstag als Festessen ausbat. Die Kieler Muscheln wurden an Pfählen, d. h. großen Bäumen mit kurzabgehackten Ästen, die an bestimmten Stellen ins Wasser gesetzt wurden und alle drei Jahre abgeerntet werden konnten, gezogen. Im Sommer schätzten wir Goldbutt über alles. So ein rechtes festes Tier, scharf in Butter gebraten und dann mit einer frischen Kräutermayonnaise auf den Tisch gebracht, ist allerdings ein Leckerbissen wie wenige, nicht zu gedenken der großartig schmeckenden kalten Fische am nächsten Tage. Von geräucherten Fischen galten neben den Kieler Sprotten, die übrigens damals ausschließlich in der Kieler Bucht selbst gefangen und verarbeitet, nicht wie die jetzige Marktware in der ganzen Ostsee gefangen und vielleicht nur in Kiel geräuchert wurden und die ihren Wohlgeschmack ihrer Nahrung mit einer besonderen der Kieler Bucht eigentümlichen mikroskopischen Krebsart verdankten, die Makrelen am höchsten. Das sind besonders gierige Raubfische, die in zwei Perioden, im Juni und im Oktober gefangen und in der Mitte aufgeschnitten geräuchert werden. Den ganzen Sommer gab es Krabben, die beim Kochen zart rosarot wurden. Sie hielten sich in allen flachen sonnigen Buchten des Hafens auf und wurden, wie gesagt, mit den Ellerbeker Plümpern gefangen. Mitte der achtziger Jahre verschwanden sie. Namentlich die Torpedoboote waren Schuld daran, weil diese bis in den fernsten Wasserwinkeln eine Dreck- und Ölschicht verbreiteten, unter der die Krabben erstickten. Süßwasserfische sahen wir wenig, wenn man nicht den zweilebigen Aal – geräuchert und sauer, er kam namentlich aus dem Flemhuder See und wurde in Achterwehr geräuchert – dahin rechnen will, eigentlich nur auf Gesellschaften, wo etwas Ungewöhnliches geboten werden sollte . . .

Frischgeräucherte „Sprott" – eine wahre Delikatesse

Graf Adelbert Baudissin

. . . Steigt man die Höhe vom Sandkruge herab und nähert man sich dem Ufer des Meeres, so betritt man das Dorf Ellerbeck, das vorzugsweise von Fischern bewohnt wird, die im Kieler Hafen manchen lekkern Fisch, besonders aber die weit und breit berühmten „Sprott" fangen, welche sich von den „Bücklingen" dadurch unterscheiden, daß sie kleiner, fetter und wohlschmeckender sind als jene. Frischgeräucherte Sprott sind eine wahre Delikatesse; man bricht ihnen den Kopf ab, zieht die Haut weg, entfernt die Gräten und legt den Rest auf Schwarzbrod, das mit frischer Maibutter bestrichen ist, und wer sich vor Indigestionen nicht fürchtet, treibt dieß kindliche Spiel länger fort, als sich mit der Rücksicht auf die Damastserviette der Hausfrau verträgt. Leider verlieren die Sprott schon nach den ersten Tagen ihren feinen zarten Geschmack; sie werden trocken und hart, die Haut geht nicht mehr so leicht ab, wie im Anfange, und die Exemplare, welche südlich der Elbe verzehrt werden, würden einem Schleswig-Holsteiner eben so wenig zusagen, wie die Austern, die man mitten in Deutschland bekommt . . .

Kieler Schwips-Kuchen

von Oma Theodora aufgeschrieben

Jutta Kürtz

Man backe am Tage vor Gebrauch der Speise eine schöne ganz besonders lockere Biskuittorte. Dann brühe man ½ Pfund Mandeln, schneide sie, wenn sie frei von Schalen sind, in längliche Streifen. Mit diesen spickt man am Abend den völlig erkalteten Biskuit oben und an den Seiten. Er muß zum Schluß wie ein stachliger Igel aussehen, recht dicht mit Mandelspänen gespickt. Dann mische man ¼ Liter guten Rum mit ¼ Liter Portwein und knapp ¼ Liter Wasser, rühre 1 Teelöffel Zucker darunter und begieße den Kuchen sehr vorsichtig mit dieser Mischung. So lange, bis der Kuchen nichts mehr aufsaugt. Dabei kommt es natürlich auf die Größe des Biskuitkuchens an. Den durchtränkten Kuchen läßt man über Nacht kalt stehen. Am Morgen hat er auch die abgeflossenen Reste aufgesogen. Man bereitet eine dicke, reiche Vanillesauce, zu der man vor allem Sahne nehmen muß und stellt sie sehr kalt. Kuchen und Sauce müssen bis kurz vor dem Servieren sehr kühl stehen. Dann übergießt man 10 Minuten vor dem Servieren den ganzen Kuchen mit der dicken Sauce, die in den Mandelspänen hängenbleibt. Der gelbe Überzug deckt den Kuchen ringsum zu. Beim Anschneiden muß man sehr vorsichtig sein.

Wie Pile Trak Aalfische angelte

Waldemar Bonsels

. . . Nachmittags ging ich zum Hafen hinunter, um mit Pile Trak zu fischen. Die Hafengegend kann ich nicht mehr genau beschreiben, obgleich ich sie, wie in einem Traumbild, mit großer Deutlichkeit sehe. Das Auge eines Kindes sucht selten zusammenhängenden Überblick zu gewinnen und ermißt keine Verhältnisse, sondern es schaut Gegenstände, zu denen es Beziehung hat, und empfindet die Atmosphäre. Aus ihr entspringt meine letzte Vorstellung von dieser Gegend, meine Erinnerung an die schmale, dunkle Gasse, die zum Hafen niederführte, an die spitzgiebeligen Wohnhäuser und Lagerschuppen und an den Mastenwald der Segelschiffe, der, wie ein dünnes braunes Himmelsgitterwerk, die Gasse geheimnisvoll abschloß. Am Kai roch es nach Teer, Fischen und Seetang, es knallte, polterte und dröhnte jenseits des Schienenstrangs, auf dem rotbraune, schmutzige Güterwagen standen, und das Geschrei und die Rufe der arbeitenden Menschen drangen dumpf und immer ein wenig bedrohlich durch Rauch, Nebel oder Kohlenstaub. Wurde ein Güterwagen von Arbeitern oder einem Pferd langsam die Schienen entlang geschoben oder gezogen, so ging ein Mann mit einer roten Fahne und einer Handglocke voran.
Ich kannte von Pile Trak die Schiffe bei Namen, die Flaggen ihrer Nationen, die Heimat- und Bestimmungsorte ihrer Fahrten. Finnland, Dänemark und Schweden schickten die meisten Segelschiffe, die englischen Kohlendampfer machten weiter aufwärts beim Güterbahnhof fest. Wo der Wind klarer über die saubere gepflasterte Kaistraße fuhr, lagen die bunten Passagierdampfer nach Korsör, immer ein dänischer und ein deutscher. Aber dort war man beengt und bedrängt, konnte sich weder verbergen, noch, ohne Anstände zu bekommen, umherbummeln, dort waltete das Geheimnis nicht mehr im Halbdunkel und Meerdunst, in fremdartigen Geräuschen und sonderbaren Menschen.

Überhaupt, sobald die Menschen „fein" wurden, interessierte die Welt mich nicht mehr besonders, so ist es heute noch. Fein ist auch heute dieser Teil des Hafens geworden, eine prachtvolle Automobilstraße, eine prächtig geschwungene, saubere Fahrbahn zieht ihre helle Asphaltkurve am granitenen und zementierten Kai dahin, die Mauern der Dampfer versperren die Sicht zum Wasser, und die Segelschiffe sind verschollen. Die Menschen erscheinen klein und unbedeutend, haben ihre Gesichter und Gestalten eingebüßt und huschen, wie ohne rechte Erlaubnis, im Überschwang der Dinge umher. –

Gottlob, Pile Trak war da. Er hockte wie gewöhnlich hinter einem großen Lagerschuppen auf dem massiven Eisenrund, das wie ein ungeheurer Nagelkopf aus den Steinblöcken des Kais ragte und dem Tauwerk der Segelschiffe als Halt diente. Sein Teerhut, der das eisgraue Haar verdeckte, glänzte schwarz in der schläfrigen Hafensonne, die gelbe kurze Angelrute zeigte still und schräg empor, und sein grauer Bart umstand, ein struppiges Haarbeet, die kurze Pfeife, diesen Schornstein seines großen Mundes, der das ganze untere Gesicht wie ein Moorgraben durchquerte. Zähne hatte er nicht mehr, wozu auch, er lebte glücklich.

Seinen Angelplatz wählte er wohlbewußt neben der öffentlichen Hafenlatrine, die aus einem Balken bestand, der parallel mit dem Uferbord über dem Wasser angebracht war, und dessen verschwiegene Bestimmung gegen das Land zu von einer Bretterwand geheimgehalten wurde. Man konnte von rechts und links an diesen Balkenort gelangen, der von Hafenarbeitern, Schiffern und Matrosen benutzt wurde.

Kam ein Kunde dieser einfachen Verrichtungsanstalt menschlicher Bedürfnisse, so schauten Pile Trak und ich aufmerksam zu, in welchem Zustand sich das Resultat der Beschäftigung befand, denn Pile Trak brauchte zum Aalfischen gerade das, was jener Besucher nicht mehr wollte.

Oft reichte die Gabe eines gesunden und kräftigen Matrosen für den ganzen Nachmittag aus. Pile knetete mit alten dicken Fingern und viel Geschick, Anstand und Genuß kleine Kügelchen von der Größe etwa eines Haselnußkerns aus unserer Beute, formte die weiche Pille mit Sorgfalt um den Angelhaken und ließ das Ganze an der Schnur mit Zuversicht und bedächtig in die Tiefe gleiten.

„Was mag der Kerl gefressen haben", sagte er grimmig, wenn nicht gleich ein Aal anbiß, und schaute sich um, als wollte er den Lieferanten noch nachträglich zur Rechenschaft ziehen. Sein Erfolg war erstaunlich. Er fing zuweilen Aale von der Länge eines Spazierstocks und dikker als mein Armgelenk. Ich teilte seine Freude mit Begeisterung . . .

friedlicher sonntag

Annemarie Zornack

die zerstörer an der tirpitzmole
bis an die zähne bewaffnet sind so sanft
einwattiert in das grau des himmels
nur vorm kriegshafen die segelbootmasten
spiegeln erregte EKG-zacken aufs wasser
der windsack hat potenzschwierigkeiten
an diesem schwülheißen tag und
die arbeiter drüben auf der howaldt-werft
hämmern ihre wut über die förde

„Sünd wi noch klor?"

Gerrit Bekker

. . . Auf dem Weg zum Bahnhof kam mir der Bus vor die Füße und als ich sagte: „Nach Kiel?", nickte der Fahrer und fuhr auch schon an. Ich freute mich, weil ich es mag, wenn es gut ineinandergreift und setzte mich ganz nach hinten ans Fenster.

Der Bus war leer, drehte seine Schleifen durch die Stadt ins freie Land, fuhr an Bovenau vorbei, wo Luden Horn, der Wünschelrutengänger, Küster war, und ich dachte an den schönen Apfelgarten hinter dem Pastorat, dann vorbei am Fußballplatz von Bredenbek, knochenharter Provinzfußball, die Dicksten nach hinten und immer mit dem Säbel in die Beine, und dann kam die lange Gerade, und auf dem Buckel schwang der Bus auf, als wollte er zum Flick-Flack ausholen. Die Kurve vor Achterwehr, Beckmanns Gasthof, ich nickte ein und war dann schon in Kiel. Raus aus dem Brotkasten, der Sack über der Schulter war so leicht, daß ich gern einen Stein reingelegt hätte, damit er nicht so wackelte beim Gehen, und gleich in die 4, Richtung Dietrichsdorf über die Gablenzbrücke unten an der Hörn, wieder so eine Botanisiertrommel.

Sie kreischte in der Schiene, als quälte sie einer, und ich dachte daran, daß es oft, wenn ich ans Wasser kam, erst mal oben leicht bedeckt war und später aufklarte. Und daß ich es besonders mochte, wenn oben einer den blauen Zeichenkarton hielt und wenn man auslief, die Brise strich, die man brauchte, um nicht gleich bei erster Gelegenheit zu Kreuze kriechen zu müssen, um Höhe zu gewinnen. Ove hatte es am besten von allen, die ich kannte, drauf, auf den richtigen Wind zu warten, und dann sachte ums Kap und zwölf Seemeilen hinterherlegen und ratsch fällt der Anker auf den Acker, und dann ist erstmal Fofftein.

Die Deutsche Werft links, und die Gorch Fock wieder mal verholt zum Wienern, und Mann, wenn ich an die Werft dachte und wie ich mit Rostschutzfarbe unter der Clavigo im Trockendock rumspazierte, 240000 Tonnen mit haushohen Tanks, die mit Kreide angezeigten Stellen nochmal mit der Chinaborste überwitschern, und weil ich Maler war, noch den Namen malen und die Lademarken und Ahmings und dann fertig und gleich die Papiere, weil ich zu langsam wäre, aber an Masken sparen! Und ich sah mich durch die Bilge kriechen mit der Staubschutzmaske und der Spritzpistole, und alle fünf Minuten kam der Vorarbeiter und sagte eine Kleinigkeit, damit man ja nicht unbemerkt ohnmächtig wurde, und man mußte immer „Jo" brüllen, wenn er anfragte: „Sünd wi noch klor?"

Friedensstraße, Lichtecke Ostufer. Ich kletterte raus und ging zum Fischmarkt rüber, an den Fischhallen vorbei, und dann sah ich ihn gleich, eine Riesenwanne. Vorne eine mächtige Palme und hinten ein etwas stöckeriger Besan, bißchen untertakelt vielleicht. Ein Bootstyp, wie ich ihn noch nie gesehen hatte und mächtig viel Farbe darauf, eine Spur pfuschig, aber nicht schlimm, weiß, blau, auch viel Naturholz dazwischen. Ich stellte mich auf die Scheuerleiste, schwang den Seesack an Bord und mich hinterher. Neben dem Holz narbiges Eisen, genietet wie die Bordwand. Die Ankerwinsch, der Anker daneben, schon ein ordentlicher Tortenheber und jede Menge Leine, viel aus Hanf, aber noch einigermaßen . . .

Grußbotschaft Kaiser Wilhelms II. (1911)

Die großartige Entwicklung, die Ihre ehrwürdige Stadt . . . erfahren hat, hängt mit dem . . . Aufblühen der Schiffsbaukunst und Industrie auf das engste zusammen. Hier an dem größten Hafen der deutschen Ostseeküste sind die mustergültigen Werftanlagen entstanden . . . Es sind wahrhaft erhebende Vorgänge und Eindrücke, die Ihre Stadt erlebt; welches deutsche Herz sollte nicht höher schlagen bei einem Schauspiel, wie wir es erst gestern wieder gesehen haben, als wir ein neues Erzeugnis der Kieler Werften seinem Element übergeben konnten . . . Ich beglückwünsche Sie zu dem neuen monumentalen Schmuck der Stadt.

„Kieler Woche": Kanonendonner für den Kaiser

Jules Huret

Der Deutsche Kaiser hat englisches Blut in den Adern, das sich ganz besonders in seiner Vorliebe und Fürsorge für alle Seesachen offenbart. Als er den Kaiser-Wilhelmkanal vollendet hatte, träumte er davon, Kiel zu einer Nebenbuhlerin von Cowes zu erheben. Aber sein deutsches Blut verlieh diesen Sportzusammenkünften einen offiziellen, befehlshaberischen Anflug, den man peinlich empfindet und der nicht geeignet ist, Fremde anzuziehen.

Ich bin hier mitten in die „Kieler Woche" hereingeraten, — denn so nennt man diese Flottenrevue und diese Segelregattas.

Welche Tage von Chantilly, des „Grand Prix", von Epsom oder Cowes werde ich hier erleben? Denn man kann schließlich doch nicht die ganzen Tage auf dem Wasser herumfahren. Hier in dem allgemeinen Mittelpunkt, in dieser Seebadeanstalt, wo ich, obwohl dort kein Zimmer mehr zu haben war, doch meine Mahlzeiten einnehme, werde ich alle Eleganz der beiden Geschlechter vorbeidefilieren sehen; hier werde ich beobachten, wie die Deutschen sich amüsieren, sich treffen, ihre Ferientage verbringen.

Ich habe das Glück gehabt, mit dem Kaiser zugleich einzutreffen. Er hatte den ganzen Kanal durchschifft, wie er es stets zu tun pflegt, und sein gelblackierter mit blau verzierter Hofzug mit dem kaiserlichen Wappen an den Waggontüren erwartete ihn in Kiel. Als ich am 20. Juni um 3½ Uhr ankam, sagte man mir, daß der Kaiser erwartet werde. Ich begab mich eiligst nach dem dicht am Bahnhof gelegenen Hafenkai und ging an Bord eines Dampfers, der sich soeben anschickte, dem kaiserlichen Schiff entgegenzufahren.

In diesem Augenblick ankert auf der weiten Reede – einer der schönsten von Europa – das deutsche Geschwader. Es liegen da fünfunddreißig Panzer, Kreuzer, Avisos usw., alle eisengrau angestrichen, ein wenig heller als die englischen Schiffe; die Schornsteine sind oben mit schwarz-weiß-roten Ringen umgeben. Ein spanischer Kreuzer, die „Estremadura" (ebenfalls grau), hat dicht daneben Anker geworfen. Noch etwas näher liegt die kleine Segeljacht des Kaisers, der „Meteor", der wie immer an den Wettfahrten teilnehmen soll, die Jacht der Kaiserin und die provisorisch kaiserliche „Hamburg", eine große Dampfjacht, die der Kaiser für seine alljährliche Nordlandsfahrt gechartert hat (da die Hohenzollern sich gerade in Reparatur befindet), und die dem Kruppschen Hotel gegenüber vor Anker gegangen ist. Am anderen, entfernteren Ende der Reede gibt es nichts als niedrige Hügel, die sich nach der See zu verlieren und mit einzelnen weißen Villen bestreut sind.

Plötzlich ertönt Kanonendonner: die vorgeschriebenen einundzwanzig Schüsse. Der Kaiser ist in die Geschwaderlinie eingefahren; mein Schiff hält an, und ich sehe Wilhelm II. vorüberfahren. Er steht ganz allein auf der Brücke der „Leipzig", in weißer Mütze und Admiralsuniform mit goldenen Schnüren, – genau so, wie ich ihn in Hamburg gesehen habe. Mit unbeweglicher Miene führt er die weißbehandschuhte Hand an den Rand der Mütze, um die Mannschaften zu grüßen. Im hellen Sonnenschein erscheint seine Gesichtsfarbe noch gebräunter.

Er gleitet vorüber, mitten im Rauch seiner Geschütze.

Mein Schiff setzt seine Fahrt fort. Da ist das Kruppsche Hotel, das Restaurant Bellevue, wo die Menschen um den Musiktempel herumsitzen und der Militärkapelle zuhören. Etwas weiter hin zeigt man uns die Schießstation der Torpedoboote: ein schwimmendes Gerüst mit einem Mast auf der Mitte der Reede dient als Scheibe. Manchmal verirren sich die Torpedos in diesem Teil des Hafens und werden von den Fischern mit Schleppnetzen wieder aufgefischt; für jeden aufgefundenen Torpedo ist eine Belohnung von 1000 Mark ausgesetzt. Man sieht auch die Kasernen von Wik, die 10000 Mann beherbergen. Dann kommen wir in Holtenau an, wo der Kanal beginnt. Dort erhebt sich ein Standbild des alten Kaisers, den die Inschrift als „Wilhelm den Großen" bezeichnet, und ein mit blühenden Schlingpflanzen berankter Leuchtturm. Dahinter liegt die Bucht, und noch weiter hinaus das Meer . . .

An der Reventloubrücke zur Januarzeit

Elisabeth Meyer-Runge

Turner
hätte an diesem Januarmorgen
seine Farben wiedererkannt,
sich sicher gefreut, wie
recht er tat, sie so
grau/blau/rosa, ohne Konturen
zu setzen.

Aus dem verhüllenden Frühdunst
schiebt sich
die große Nordbrücke Kronprinz Harald,
gleitet, wie menschenleer,
leise, leise vorbei,

deckt die gerade
hinter der krangespickten Werftzone
aufgehende Sonne ab,

gleitet – noch immer zeigt sich niemand an Deck –,
gleitet,
und als sie vorbei,
hat die Sonne die turnerschen Dunstlichtfarben verwandelt.

Die Bläßhuhn-Flotte bei den Brückenpfeilern
muß dem Hafendampfer Platz machen.
Der Anker schaut mit befremdlichem Eiszapfenbart
aus seiner Klüse heraus,

aber das
ist ganz gewiß nicht der Grund, weshalb
die Bläßhühner so tutig dreinschaun. Dat doot se jümmers.

Auf dem Dampfer der Seemann
hat auch einen Bart, un dat de echt is
un nich von en Maskenbildnerhand ankleevt,
is bi sien staatschet Root-Blond swaar to glöven.

As weer't den Mann dar an Bord en Speel,
so glidd ut sien grootmächdige Handschenhannen
de Stelling röver op de Brüch.
För em is dat allens vonmorgen nix Nees;

Farben, Bläßhühner, Stille, Eis,
und Anlegen, Anlegen, Anlegen; und
bei diesem und anderem Wetter den Hafen kreuzen.

Eine entzückende Aussicht über den Hafen

Karl August Böttiger

. . . Zur Verdauung wurde nach Tische ein Spaziergang auf eine Anhöhe, *Viehborg*, vorgeschlagen, von wo aus man eine entzückende Aussicht über den ganzen innern und äußern Hafen von Kiel bis in die offene Ostsee hinaus genießt. Da wo die Anhöhe unten ins Thal ausläuft, ist die äußerste Einbiegung des hier sich endigenden Hafens, der in dieser innern Bucht mit Häusern, Gärten und den mannigfaltigsten Hügeln eingefaßt ist. Da wo in der Mitte Kiel mit seinem freundlichen Schlosse und meist modern gebauten, muntern Häusern hervortritt, schneidet sich gleichsam die eine Hälfte des Hafens ab, der sich nun weiter hinaus immer mehr ausbreitet, links durch das mit schattigten Eichen dunkle Vorgebirge *Düsterbrook* zwar etwas beengt, aber sogleich, da wo der Rendsburger Canal eintritt, wieder weiter wird, und so sich 2 Meilen über Kiel mit der sogenannten Vestung oder *Friedrichsort* schließt. Auf der andern Seite sind die Ufer des äußern Hafens etwas öder, und nur hier und da guckt ein Dorf hervor, das zu dem sogenannten Probsteilande gehört. Die größte Zierde eines Hafens sind Schiffe, und deren waren freilich jetzt nicht viel über zwölfe vor Anker, die kleinern Fischerfahrzeuge und Barken nicht gerechnet. Wer nun von Hamburgs Getümmel auf einmal hierher versetzt wird, und sich der Aussicht vom Baumhause erinnert: glaubt freilich hier in einer Einöde zu seyn. Aber eben dieß ruhige, stille, friedliche that mir jetzt so wohl, und um ganz Hamburg herum sind trotz allem, was *Arends* mit den Millionen der Kaufleute verschönert hat, keine solchen romantischen Bergspitzen mit Eichenwäldern, keine solche an klaren Kieselbächen hingelehnten Landwohnungen, und keine solchen ungestört traulichen Aussichten, wie sie hier in tausendfältiger Abwechslung der Hafen von Kiel in einem Umfang von 4 deutschen Meilen darbietet. Die Abendsonne schien mild auf die ganze Gegend, und vergoldete die Segel einiger Schiffe, die von der Ostsee herein dem Rendsburger Canal zueilten. Eine mir unvergeßliche Scene des ruhigsten Selbstgenusses!

Friedrich Gottlieb Klopstock an Friedrich Ernst Schönborn

Hamburg, den 8. August 1776.

Hier bin ich wieder, lieber *Schönborn*. Ich kam gestern Abend zurück, und traf zu meiner nicht kleinen Freude *Lessing* an. – Nun auch ein Paar Worte von unsrer Reise. Sie hat vierzehn Tage gedauert. Zuerst nach Lübeck, wo ich denn nach so langer Zeit die *Gerstenberg* wiedersah . . .

Die erste Meile von Eutin nach Kiel geht durch eine vorzüglich herrliche Gegend. Sie kennen sie gewiß; wenn man zur Mühle hinunter kommt, so sieht man einen nicht kleinen Theil des Plöners Sees. Ich

sah ihn aufs Baden an; aber daran war leider! jetzt nicht zu denken. In Kiel trafen wir auch *Bergern* und seine Tochter, *Oedern, Bosteln* und *Greilichen* an. Wir sind acht Tage dort gewesen. Manchen Tag haben wir uns zweymal dem Kieler Jungfernstiege gegenüber an einer Stelle, wo sich die Küste erhebt, gebadet. Einmal sind wir von braven Leuten mit einem Teleskope bekukt, und ein andermal von Professoren bemäkelt worden, und zwar folgendermaßen: Da sind denn nun diese Herrn her gekommen, um ihre geistigen Aufwallungen in der Ostsee abzukühlen.
Zur Ehre der Henne *Gerstenbergs* sey es gesagt, daß sie die Bemäkelung mit verdient hat. *Stolberg* declamirte einmal Verse aus Homeren: (bald aus dem Originale, bald aus seiner Uebersetzung) und ich machte die Gestus dazu, auf der Fläche des Wassers nämlich und ihm oft ins Gesicht. Wenn er es mit Poseidaonen zu laut machte, und es gar selbst seyn wollte, so bekam er selbst Wellen ins Gesicht, daß er fliehen muste. Warum ich Ihnen von nichts als von Baden erzähle? Dazu hab ich, wie der Haushofmeister im Gespenste mit der Trommel, drey Ursachen. 1) Weil mirs Vergnügen macht; 2) weil ich in der großen Hitze, die wir hatten, ohne Baden die Freuden des Wiedersehens nur halb würde haben genießen können und 3) weil ich Ihnen kein Buch schreiben mag . . .

Von Prinz Heinrich un sien Lüd

Walter Volbehr

En paar ole Kieler drapt sik ton'n Klöhnsnack. De een hett'n niege Schirmmütz op.
„Minsch, Dieter, graleer ok to de smucke ‚Prinz Heinrich-Mütz'!" seggt Peter.
„Hochmodern", grient Jörn. „So 'n Mütz driggt uns Kanzler ok."
„Hett mit den Prinzen nix to kriegen. Mi gefallt se, do heff ik ehr köfft."
Peter meent: „Op Prinz Heinrich kann ik mi got besinnen, – mit sien Schippermütz. De Kieler kunnen got mit em."

„Stimmt", dat meent se all. Un nu vertellt se düt un dat, wat se vör Jahrn mit Prinz Heinrich un sien Lüd von den Hoffstaat beleevt harrn.
„Mal höl de Hoffkutsch in de Ringstrat vör Ehmke sienen Slachterladen. Twee Hoffdamen, – fien in Taft un Sieden –, stelzen na den Laden rin. He weer ja ‚Hoflieferant', de Slachter, harr sik dat veel Geld kosten laten. Nu weern jüst veel Kunnen dar. De Slachter, sien Fruu, welk Deerns bedeenen de Lüd. De beiden optakelten Fruunslüd von dat Slott stunnen wiet af von den Tresen un luern. Do sä een Fruu to de Slachtersch: „Dar sünd twee Damen von dat Slott! De könen se doch nich töven laten!" Den Slachter sien Fruu bedeen geruhig ehr Kunnen un sä luuthals: „Wörum nich? Anner Lüd ehr Geld is ok keen Schiet!" Do ruschen de beiden Hoffdamen ut den Laden rut, rin in de Kutsch un weg weern se. Se sünd ok ni nich wedder kamen."
„Na, denn hett se ehr Geschäft doch Schaden daan!"
„Ne, hett se nich! De Snack von den Slachter sien Fruu güng von Mund to Mund in de Stadt. Do keemen mehr Kunden as vördem."
De Mannslüd grient. Dieter seggt: „Aver Prinz Heinrich, den harrn all Kieler gern. Un he weer ok en gode Vader. Em dän sien eegen Söhns leed, dat de as Prinzen so garnich richtige Jungs wesen kunnen. Do harr he en gode Idee. Af un an fahr de Kutsch mit de Prinzen Siegismund un Eitel-Friedrich, – beide in fiene Tüch, stief as de Poppen, Näs liekut, Kutscher un Lakai in Livree – so fahr de Kutsch na Kronshagen na Volbehr's groten Buernhoff. Dar trocken de Prinzen ehr öllst Kledaschen an un gungen na de Kohkoppel rop. Bi de Mergelkuhl halen se sik Lehmbatzen un denn speelen se Röver un Schandarm un anners wat un smeeten een den annern mit Lehmkluten. Nahstens sehn se garnich mehr na Prinzen ut. Achterna kunnen se sik op'n Hoff waschen un ümtrecken. Se kreegen ehr Glas Melk to drinken un denn fahren se wedder mit de Kutsch as richtige Prinzen na Kiel to, – stiev as de Poppen, Näs liekut."
Se nickköppt, de olen Kieler. „Ja, so weer dat. Prinz Heinrich weer en Minsch as du un ik."
"Ok bi de Matrosen op de Kriegsscheep weer Prinz Heinrich as de Admiral got anschreven. Dat wies sik 1918 bi de Revolutschon. De Matrosen störmen dat Slott. Se sparrn Prinz Heinrich in den Keller in. En Posten mit rode Kokard stunn vör de Dör. Baben fiern de Matrosen mit den Vörrat an Wien un dat Slott ehr Revolutschon. Af un an keem een von de böbelsten Macker na den Keller dal. He buller an de Dör un röp: ‚Heinerich! Slöppst al? – Morgen fröh scheet wi di dot!' – Aver se hebbt em nich dotschaten. Nüms wull em dat."

Kieler Förde

Kieler Förde

Hans-Jürgen Heise

Das Flugzeug
das über Düsternbrook
eine Möwe wurde

über Holtenau
wird es wieder
Flugzeug

Die Kieler Bucht, eine der schönsten und sichersten von ganz Europa (1881)

Jules Verne

Die Kieler Bucht, in der unsere Yacht mit wieder ausgeschobenem Bugspriet gegen sechs Uhr Abends vor Anker ging, ist ohne Zweifel eine der schönsten und sichersten von ganz Europa. In diesem geräumigen Wasserbecken könnten alle Flotten der Erde Schutz suchen und sogar manövriren. Kiel selbst liegt (von Land aus) links am Ende des Hafens mit einem Hintergrunde von üppigem Grün. An der anderen Seite befindet sich das von der Stadt völlig getrennte und mit hohen Mauern umfriedigte Arsenal . . .
Der Kieler Busen ist von einem dichten Rahmen herrlicher Bäume eingefaßt. Ulmen, Buchen, Kastanien und Eichen, welche oft bis zum Strande herabgehen, erreichen hier eine kaum glaubliche Größe.
Zahlreiche Landhäuser schimmern auf den die Bucht umgebenden Hügeln lachend aus dem dunklen Grün hervor, während die verschie-

denen Punkte des Hafens durch flinke kleine Dampfer in bequeme Verbindung gesetzt sind. Man kann sich kaum einen freundlicheren erquickenderen Anblick denken, als den jener Häuschen von oft phantastischer Bauart, welche das schöne, wechselreiche Ufergestade schmücken. Ohne Zweifel entwickelt sich dieses bevorzugte Stückchen Erde in nicht ferner Zeit zum Stelldichein der vornehmen deutschen Gesellschaft, zu einem Brighton Norddeutschlands, aber einem unendlich viel grüneren, schattigeren, waldesduftigeren Platze als jenes Brighton an der englischen Küste, das, von der See aus gesehen, durch seine einförmige Dürre der Landschaft eher abschreckt.
Wir brauchen wohl nicht besonders zu bemerken, daß der Kieler Busen sorgsam und zweckmäßig befestigt ist. Die sehr enge Einfahrt zu demselben wird von furchtbaren Batterien beherrscht, welche jene über's Kreuz bestreichen. Die berühmte Kanone – von Preußen 1867 zur Internationalen Pariser Ausstellung geschickt – welche ein Geschoß von zehn Centnern schleudert, ist auf einer Bastion an der engsten Stelle des Hafeneinganges aufgestellt. Ein feindliches Schiff, das diesen Weg zu forciren versuchte, würde zweifelsohne binnen wenigen Minuten zerschmettert sein.
Die Stadt Kiel selbst ist offen, doch geht man mit dem Gedanken um, sie mit detachirten Forts zu umgürten. So viel ich weiß, sind die vorgängigen Terrainuntersuchungen schon beendet, und man wird, wie es bei der deutschen Regierung Sitte zu sein pflegt, dem Worte rasch genug die That folgen lassen.

Schilksee

Dietlinde Hedwig Heckt

Der Mond hat sich im Drahtgespinst verirrt
und spiegelt sich gebrochen in den Pfützen
Die Ulmen meiner Kindheit sind Beton gewichen
Das Straßenleben fließt an mir vorüber
streift mich vieläugig achtlosen Blicks
Vergebens such' ich nach erkennenden Gesichtern
und gehe fremder, als ich kam

Ein schöner Anblick (1805)

Johann Gottfried Seume

. . . Wir konnten die Inseln gar nicht loswerden, Moen und Langeland und Falster, und wie die Nester alle heißen, waren uns ewig im Gesichte, und wir glaubten alle Stunden links hinüber nach dem Mecklenburgischen geworfen zu werden. Endlich leierten wir uns doch bis auf einige Entfernung von der Kieler Festung Friedrichsort herein, aber es ging unerträglich langsam. Da kam ein Fischerboot, das einige von der Gesellschaft aufnehmen und einbringen wollte; aber man konnte, weiß der Himmel warum, lange nicht einig werden. Ich hatte zum ganzen Handel noch keine Silbe gesagt, weil ich Resignation spielte und niemand den Platz im Boote nehmen wollte. „Wie viel kann denn das Boot halten?" fragte ich endlich. „Wohl sechzehn", war die Antwort. Kaum war die Antwort gefallen, so hatte ich auch schon Hut und Stock, war hinaus über Bord und saß im Boote. „Wer mit will, mache eilig", rief ich, „sonst zahle und fahre ich allein." Denn Du mußt wissen, wenn meine Kasse in der tiefsten Ebbe ist, hat mein Mut immer die höchste Flut. Sogleich hatte man sich gesammelt, es blieb niemand zurück als der einsilbige Brite, und wir fuhren, was die Arme der Fischer vermochten, herein in die Stadt. Die keilförmige Bucht von Kiel, von welcher wahrscheinlich die Stadt den Namen hat, macht bei der Einfahrt einen schönen Anblick. Rechts die Festung und der Kanal und der Wald und links einige schönen Dörfer mit schön gruppierten Bergschluchten. Ich hatte nicht geglaubt, daß hier ein so starker Schiffbau wäre, als ich fand. Der Hafen hält bis an die Stadt sehr große Fahrzeuge . . .

In Kiel gefällt mir's nicht sonderlich, aber bei Kiel desto besser. Die Gegend ist äußerst freundlich und lieblich und man könnte wohl sagen malerisch, wenn man darunter das versteht, was die Seele durch das Auge in angenehme Bewegung setzt. Ich weiß nicht, welcher Kritiker, ich glaube, es ist Ramdohr, soll die hiesigen Umgebungen etwas bitter mitgenommen haben, und die guten Kilonier sind billig darüber etwas unzufrieden. Einige gegründeten Kunstbemerkungen mögen wohl darunter gewesen sein, und diese hat man benutzt. Es ist hier allerdings keineswegs die hohe Schönheit der Alpen und die furchtbare Größe ihrer Gipfel und Schluchten, sondern es ist die gefällige Wellenlinie, die die Seele in Ruhe und Betrachtung zieht. Es wird hier kein Tell den Bund zum großen patriotischen Trauerspiel schwören, aber Voß kann seine Idyllen singen. Ramdohr hat der Gegend wohl zu viel getan, wenn er sie nicht für schön gelten läßt. Doch Meinungen stimmen selten überein, seine Venus Urania wäre auch nicht ganz meine Urania. Für den Landschaftsmaler ist freilich nichts Ausgezeichnetes hier, aber sehr viel reiner Genuß für den unverdorbenen Sohn der Natur. Wenn man die Partien mit dem Gaurus und dem Ciminus und dem Rigi mißt, verlieren sie freilich, aber das bekanntere Deutschland hat vielleicht nicht noch zwanzig so freundliche Gegenden aufzuweisen als die Kieler ist, und dann kann man in der gewöhnlichen Bedeutung des Wortes schon sagen, sie sei schön.

Ein Morgenspaziergang durch Düsterbrook nach der Mündung des Kanals und von diesem hinauf bis Knop ist ein Genuß, den zehn Seestädte nicht gewähren. Ich möchte wohl an dem ganzen Kanal hinauf bis an die Nordsee gehen, die Schönheiten müssen zahlreich und mannigfaltig sein. Von der Mündung bis nach Knop, kaum eine Stunde Weges, begegneten uns eine Menge Schiffe, und ihre Durchfahrt durch die Schleusen gibt Unterhaltung, wenn man es auch schon sehr oft gesehen hat. Das Gut und der Garten des Grafen Baudissen sind zwar auch nicht in dem Stil der hohen Schönheit – das würde die Gegend kaum erlauben –, aber es ist in beiden viel Mannigfaltigkeit und das Nützliche und Angenehme in freundlicher Verbindung. Selten habe ich eine fröhlichere Mahlzeit gehalten als das Frühstück dort am Kanal im Wirtshause. Fast ward, welches nur sehr selten geschieht, die Stimmung meiner Seele idyllisch. . . .

Förde im Sommer

Geerd Spanjer

Weiß getupft auf den dunklen Grund
Die Segel. Und der Wind faßt sie,
Sie und die Haare der Jungdeerns;
Un wer weiß, was er lieber mag,
Der alte und immer noch junge.
Jung ist alles in diesen Tagen,
Auf der Förde und in der Stadt;
Bunt und voll Leben.

Wie das Focksegel flattert,
Wenn das Boot über Stag geht,
So flattern Gedanken, Wünsche und Träume
Vom Wasser zum Ufer; von ihm zu ihr.
Und wer die Tonne als erster rundet,
Ist Sieger im großen Wettstreit der Herzen.
Rauschen die Bäume im Düsternbrook?
Steilt sich das Mahnmal, ein Steven,
Drüben, weit draußen, am Strand von Laboe?
Wikingerlust ist auch heut' nicht vergangen.
Seeraub. Wettstreit. Lust noch am Wagnis,
Das unter rauschenden Kielen lauert.

Weiße Segel. Bunte Stander. Spinnaker blähen sich
und fangen den letzten Hauch,
Der die Flaggen nur müde macht,
Denn die Brise schlief ein. – Nicht für lange.
Flauten kommen. Doch schwinden sie schnell.
Immer folgt Wind, der glatte Spiegel zerbricht.
Und wie die Segel sich straffen bei plötzlicher Bö,
Trägt sie die Jacht hinein in den Morgen.

Aufkommende Brise

Hans-Jürgen Heise

Es brist! brist! und das
ist wohl auch das wenigste
was man verlangen kann
hier an der Förde und jetzt
während der Kieler Woche
wo am Kai die Sea Cloud
und auf See die Wolke
Bestandteile
einundderselben Metapher sind
die Wirklichkeit heißt

Segel
weiße
rote
und knatternde allemal

Sogar die Kaninchen
drüben im Düsternbrooker Gehölz
haben ihre Ohren
wie Segel aufgestellt
Zum Beispiel da im Unterholz
dieser Bock: eine wahre Feluke
mit mächtigen Treibwindbahnen

Das Ufer riecht nach Tang und Salz
das Meer nach Bratwürsten und Bier
gutso! ich mache mir auf alle Fälle
einen Knoten ins Taschentuch
Der soll mich daran erinnern
daß es Seemannsknoten gibt
Seemannsgarn und natürlich
diese riesige
blau um sich schlagende Flosse
das Meer selbst

Am Strand von Laboe: der Schmus-Sessel und die Wallanlage

Roger Pilkington

. . . Laboe ist in der Tat ein fröhlicher Ort. Entlang dem Wege, der die Promenade einsäumt, steht eine Reihe kleiner Hotels und Pensionen. Es besitzt einen ausgezeichneten, etwa eine Meile langen Sandstrand, zu dem der Zutritt streng verboten ist, wenn man nicht vorher eine Mark bezahlt hat. Warum ich einen Widerwillen gegen das Bezahlen für den Zutritt zum Strand hatte, weiß ich nicht; vielleicht ist es bloß der Lancaster in mir, der sich weigert, für etwas zu bezahlen, das meinem Gefühl nach öffentliches Eigentum ist. Ich bin gerne bereit, für den Zutritt zu einem Park oder Garten oder für die Besichtigung irgendeines zerfallenen Schlosses zu bezahlen, doch der Gedanke, nur um auf dem nackten Sand sitzen oder gehen zu dürfen, auch noch bezahlen zu müssen, will mir nicht eingehen. Unlogischerweise erwarte ich, daß der Strand für alle frei ist und von den örtlichen Behörden reingehalten wird, ohne dafür ein besonderes Entgelt von seinen Benutzern zu verlangen.

Vielleicht ist dieses Bezahlenmüssen der Grund der außergewöhnlichen Geschäftigkeit deutscher Familien, die sich am Strand zu verschanzen pflegen. Nachdem sie für gute Mark dort einen Platz ergattert haben, graben sie sich ein. Der Biologe mag darin vielleicht den Hang zum Erwerb von Grund und Boden erkennen, den so viele verschiedenartige Geschöpfe haben, und der Psychologe würde diesen Anblick im Sinne Freuds zu deuten versuchen; doch möglicherweise ist es nur der starke Wind, der des öfteren an den Küsten der Ostsee weht und es so schwierig macht, ohne gewisse Vorkehrungen in der Sonne zu dösen. Das war die einfache Erklärung, die mir ein Segler in Laboe gab; aber es erklärt noch lange nicht die Tatsache, daß die Dänen es anders machen. In der Flensburger Bucht hat sowohl das dänische Sonderburg als auch das deutsche Glücksburg einen guten Sandstrand. Aber an der dänischen Küste legen sich die Leute einfach in die Sonne – so wie es Katzen oder Menschen machen. Am deutschen Strand wird die Sache fürstlich gemacht. Den Rumpf des menschlichen Körpers einfach auf den von der Natur geschaffenen Strand zu legen, wäre dort unmöglich.

Im Mittelpunkt des deutschen Familienaufenthaltes an der See steht der zweisitzige Schmus-Sessel (der Autor meint den Strandkorb. Der Übersetzer), ohne den Ferien in einem deutschen Seebad undenkbar sind, und so fanden wir sowohl in Laboe als auch in Glücksburg den Strand reichlich damit ausgestattet. Dieser Thron ist so beschaffen, daß er den stattlichsten Körper – in Wirklichkeit zwei davon – aufnehmen kann. Unter seinem Sitz sind Schubladen und Schränke für alle Geräte angebracht, die man braucht, um in angenehmer Untätigkeit Seite an Seite zu sitzen oder um sich darauf hinzuwerfen und Erholung von der schweren Anstrengung des Grabens zu suchen. Während ich so entlang der Promenade von Laboe spazierte, kam mir der Gedanke, daß der Mann, der einen Miniatur-Bulldozer für den Strandgebrauch in den Handel bringen würde, sich damit ein Vermögen erwerben könnte. Die Raupenglieder müßten allerdings garantiert geschützt sein, damit sich die Kinder nicht die Finger verletzen; aber vielleicht wäre das unnötig, denn wenn die deutsche Familie zu graben beginnt, vermag sie mehr Sand umzuschaufeln als eine ganze Horde irischer Erdarbeiter. Unermüdlich sind sie bei der Arbeit, um den Familiensitz in einer angemessenen Entfernung mit einem Wall zu umgeben, der in seiner Art so eindrucksvoll wie eine Festung des Bronzezeitalters ist, ein Miniaturwallring von Haithabu mit einem einzigen engen Eingang.

Diese Wallanlage ist kein rohes Bauwerk, sondern von geometrischer Akkuratesse. Ihre peinlich genau abgeschrägten Seitenflächen und die Spitze sind wie glatt poliert, daß die Kanten so scharf geschnitten wie eine Mauer sind. Die Familie hat aus dem Ruhrgebiet nicht nur die notwendigen Geräte zum Graben mitgebracht, sondern auch eine Harke zum Glätten des äußeren Spielfeldes und zur Beseitigung fremder Fußspuren, dazu schließlich noch eine Gießkanne mit einer Brause. Diese Gießkanne ist besonders wichtig, denn die geringste Brise kann die genauen Konturen der Burg zerstören, wenn der Wall nicht sofort nach seiner Fertigstellung begossen wird. Unermüdlich läuft der Vater den Strand hinunter zum Wasser, um die Gießkanne zu füllen, während der Rest der Familie mit mannsgroßen Spaten Sand schippt und ihn in Form bringt. So wichtig ist das Wässern, daß die Ersten morgens am Strand die Väter waren, die man vor dem Frühstück hinausgeschickt hatte, um die Festungen nach einer trockenen Nacht zu begießen.

Einige Familien hatten ihre Verschanzungen in richtige Kunstwerke verwandelt. Muscheln gibt es am Laboeer Strand nur wenige, auch kleine Steine sind selten, daher mußten die Jüngsten tagelang und meilenweit den Strand abgesucht haben, um Material für den lebensgroßen Zwei-Tonnen-Hai zusammenzusuchen, der in Kieselstein ausgelegt war, oder für die riesige Krake, die ausschließlich aus Muscheln konstruiert war. Ich bin sicher, daß man mich nach so viel kunstvoller Arbeit am Ende der beiden Wochen nicht so leicht von der See wegbekommen hätte. Am liebsten wäre ich dort in meinem geschützten Weidenkorb so lange geblieben, bis mich das Packeis eines harten Winters hinausgedrängt hätte oder bis mein Lager von marodierenden Norwegern ausgeplündert oder von einer Streitmacht grimmiger Wenden zerstört worden wäre.

Verdacht

Friedrich Mülder

Nie war die Förde so leer.
Zwischen Falkenstein
und dem Leuchtturm Kiel
kriegt dic Kamera
kein Schiff auf den Film.

Nur wassernde Möwen,
im Sucher vorn,
fahren vorm hohen Horizont
ein Täuschungsmanöver
im Flottenformat.

Mißtrauisch äugt das Tele
nach Laboe hinüber,
ob der graue Schiffefresser
dort noch auf dem Trocknen liegt.

Den müssen die täglich
passierenden Seeschiffshappen
doch einfach reizen,
dem Sgraffito ‚Schiffsfriedhof'
im Ehrenmal einige weitere
Rümpfe einzukratzen.

Sollte der jetzt . . .
Doch die Killerröhre hockt,
scheinheilig wie immer,
auf ihren Konsolen am Strand.

Da hat auch schon
die Holtenauer Schleuse
die Leere bemerkt.

Kurz nacheinander
spuckt sie drei dicke Pötte
ins Fahrwasser.

Ruhmesworte eines Engländers (1785)

. . . So viel ist gewiss, das der Canal und die Schleusen Werke sind, die in der Vollkommenheit der Ausführung nicht übertroffen werden können. Sie verdienen in der That mehr, als die Pyramiden Aegyptens und die Gärten der Semiramis unter die Wunder der Welt gesezt zu werden. Die Haupt Ehre ihrer Erbauung gebührt einem Herrn von Peymann, Obersten des Ingenieur Corps.
Die Inschrift, die bey der östlichen Mündung auf einen Stein gegraben ist, heisst: Iussu et sumptibus Christiani VII mare Balticum Oceano commissum 1784. . . .

Der Lotsenkutter

Fritz Th. Overbeck

Melanchton fuhr mit Doktor Luther
Von Kiel in einem Lotsenkutter;
Sie wollten bis nach Kopenhagen
Die reine Lehre nordwärts tragen.

Die See ging hoch, es stürmte sehr,
Melanchton stöhnt: „Ich kann nicht mehr.
Kehr um! – mir ist zum Kotzen, Luther,
Vor Elend in dem Lotsenkutter!“

Der Schiffer, der den Kutter lotste,
Sprach grinsend, als auch Luther kotzte, –
Und dies war wahrhaft diabolisch,
„Nun, – dann bleibt Dänemark katholisch!“

Quellenangaben

Hans Christian Andersen (1805–1875): *Aus den Tagebüchern (1843)*
Aus „Aus Andersens Tagebüchern". Band 2, herausgegeben und aus dem Dänischen übertragen von Heinz Barüske, Fischer Taschenbuch Verlag GmbH, Frankfurt am Main 1980, mit freundlicher Genehmigung des S. Fischer Verlages, Frankfurt am Main

Charles Aubery du Maurier: *Aus dem Reisebericht des französischen Gesandten Grafen d'Avaux (1637)*
Aus „Mémoires de Hambourg, de Lubeck et de Holstein, de Dannemarck et de Pologne par feu Messire Aub. d. Maurier". A la Haye 1737, zitiert nach: „Schleswig-Holstein-Lauenburgische Landesberichte", hrsg. von Herm. Biernatzki, Altona 1846

Jens Baggesen (1764–1826): *Kiel – inmitten eines Paradieses* und *Über die niedlichen Dienstmädchen*
Aus „Das Labyrinth. Eine Reise durch Deutschland, die Schweiz und Frankreich". Übersetzung von Carl Friedrich Cramer, Altona und Leipzig 1794

Graf Adelbert Baudissin (1820–1871): *Frischgeräucherte „Sprott" – eine wahre Delikatesse*
Aus „Schleswig-Holstein Meerumschlungen". Kriegs- und Friedensbilder aus dem Jahre 1864. Stuttgart 1865

Joachim Beccau (1690–1755): *Kielsches Studenten-Lied*
Aus „Zulässige Verkürzung müsziger Stunden, Bestehend in allerhand Weltlichen Poesien Als Namentlich In Verliebten, Satyrischen und Sinn-Gedichten, Grab- und Überschriften, Moralischen und Vermischten Gedichten . . ., Hamburg . . . 1719, zitiert nach: Wilhelm Jürgensen, „Joachim Beccau, ein bedeutender Dichter der Barockzeit", Neumünster 1957

Gerrit Bekker (geb. 1943): *„Sünd wie noch klor?"*
Aus „Petersens Meerfahrt". Erzählung, Claassen Verlag GmbH, Düsseldorf 1982, mit freundlicher Genehmigung des Verlages

Gottfried Benn (1886–1956): *Gottfried Benn an F. W. Oelze*
Aus „Briefe". Band I, „Briefe an F. W. Oelze 1932–1945", hrsg. v. Harald Steinhagen und Jürgen Schröder. Klett-Cotta, Stuttgart 1979, mit freundlicher Genehmigung des Verlages

H. Biernatzki (1818–1895): *Kiel als wissenschaftliches Centrum der Herzogthümer*
Aus „Schleswig-Holstein", München 1845

Karl August Böttiger (1760–1835): *Die Baumschule (1797); Eine entzückende Aussicht über den Hafen* und *So manche Kieler Merkwürdigkeit (1797)*
Aus „Literarisches Leben auf der Universität Kiel. Beobachtet auf einer Reise dahin im Jahre 1797". Erstveröffentlichung in: Friedrich Adolf Ebert (Hrsg.), „Ueberlieferungen zur Geschichte, Literatur und Kunst der Vor- und Mitwelt". 2. Band, 1. Stück, Dresden 1827, Nachdruck: Neumünster 1978

Waldemar Bonsels (1881–1952): *Wie Pile Trak Aalfische angelte*
Aus „Tage der Kindheit", Stuttgart 1952, (c) by Albert Langen Georg Müller Verlag GmbH, München, mit freundlicher Genehmigung des Verlages

Moritz Busch (1821–1899): *Das lebhafte Treiben auf der Holstenstraße (1856)*
Aus „Schleswig-Holsteinische Briefe". Erster Band, Leipzig 1856

Resi Chromik (geb. 1943): *Kiel*
Originalbeitrag, 1986, mit freundlicher Genehmigung der Autorin
Matthias Claudius (1740–1815) *an Cai Gr. Reventlow*
Aus „Briefe". Band I. „Briefe an Freunde". Hrsg. v. Hans Jessen, Berlin-Steglitz 1938
Axel Eggebrecht (geb. 1899): *Der Kapp-Putsch in Kiel (1920)*
Aus „Der halbe Weg". Zwischenbilanz einer Epoche, (c) 1976 by Rowohlt Verlag GmbH, Reinbek, mit freundlicher Genehmigung des Verlages
Wolfram Eicke (geb. 1955): *Gleis 8, Güterbahnhof Kiel*
Aus „Deutschlands schönste Bahnsteigkanten", erscheint 1987, mit freundlicher Genehmigung des Autors
Ottomar Enking (1867–1945): *Syrithe Berg, eine sehr eigenartige Künstlerin*
Aus „Röne und Syrithe". Roman, F. W. Hendel Verlag, Meersburg, Naunhof, Leipzig 1926, mit freundlicher Genehmigung des Carl Ed. Schünemann Verlages, Bremen
Harald Eschenburg (geb. 1914): *Heimkehr in der Besatzungszeit*
Aus „Im Schlepp". Roman der Besatzungszeit, (c) 1983 Albrecht Knaus Verlag GmbH, München, mit freundlicher Genehmigung der Verlagsgruppe Bertelsmann München
Friedrich von Esmarch (1823–1908): *„Ach, he ohle Semmelfoot, . . . (um 1845)*
Aus „Die Jugenderinnerungen des Chrirurgen Friedrich von Esmarch". Hrsg. v. Harry Schmidt, Heide i. Holstein 1938
Theodor Fontane (1819–1898): *Reisenotizen aus Kiel 1864*
Aus „Reisenotizen aus Schleswig-Holstein 1864", herausgegeben und kommentiert von Dr. Sonja Wüsten, in: „Fontane Blätter", Band 4, Heft 5 (Heft 29 der Gesamtreihe), Potsdam 1979. S. 365–392
Käte Frankenthal (1889–1976): *Es herrschte ein ausgesprochener Kastengeist (um 1905)*
Aus „Der dreifache Fluch: Jüdin, Intellektuelle, Sozialistin". Lebenserinnerungen einer Ärztin in Deutschland und im Exil. Hrsg. v. Kathleen M. Pearle und Stephan Leibfried, Campus Verlag GmbH, Frankfurt/Main 1981, mit freundlicher Genehmigung des Verlages
Klaus Groth (1819–1899) *an seine Braut Doris Finke* (2×)
Aus „Briefe an seine Braut Doris Finke". Hrsg. v. Hermann Krumm, Braunschweig 1910
Klaus Groth (1819–1899): *Klockenlüden*
Aus „Sämtliche Werke", V. Band, hrsg. v. Ivo Braak u. Richard Mehlem, „Hundert Blätter. Paralipomena zum Quickborn 1854", Flensburg und Hamburg 1960
Claus Harms (1778–1855): *Über die Folgen der Hinrichtung eines Raubmörders (um 1820)*
Aus „Lebensbeschreibung", Kiel 1851
Dietlinde Hedwig Heckt (geb. 1953): *Schilksee*
Aus „Ins Vergessen gewebt". Gedichte. Verlag Bert Schlender, Göttingen 1984, mit freundlicher Genehmigung des Verlages
Bodo Heimann (geb. 1935): *Abgesang auf die Kieler Straßenbahn* und *Auf der Spiellinie*
Originalbeiträge, 1986, mit freundlicher Genehmigung des Autors

Hans-Jürgen Heise (geb. 1930): *Aufkommende Brise*
Aus „Der Phantasie Segel setzen". Gesammelte Gedichte. Verlag F. H. Kerle GmbH, Freiburg/Heidelberg 1983, mit freundlicher Genehmigung des Verlages Herder GmbH & Co. KG, Freiburg im Breisgau
Hans-Jürgen Heise (geb. 1930): *Kieler Förde*
Aus „Ein bewohnbares Haus". Gedichte. S. Fischer Verlag GmbH, Frankfurt am Main 1968, mit freundlicher Genehmigung des Verlages
Johann Gottfried Herder (1744–1803) *an J. H. Müller*
Aus „Protestantische Monatsblätter für innere Zeitgeschichte", hrsg. v. Heinrich Gelzer, Gotha, Band XIV, 1859, S. 292–293
Ludwig Holberg (1684–1754): *Für Handwerksleute eine sehr gute Stadt*
Aus „Meister Gert Westphalen oder Der schwatzhafte Barbier" („Mester Gert Westphaler", 1723), in: „Komödien", übertragen von Hans und Agathe Holtorf, Alster Verlag Curt Brauns, Wedel in Holstein 1943, mit freundlicher Genehmigung von Herrn Dr. Arne Holtorf, Tübingen
Hans Holtorf (1899–1984): *Kiel hat kein Geld . . .*
Aus „Jugend zwischen Malerei und Theater. Lebenserinnerungen 1899–1937", hrsg. v. Institut für Regionale Forschung und Information im Deutschen Grenzverein e. V., Schleswiger Druck- und Verlagshaus, Schleswig 1980, mit freundlicher Genehmigung des Verlages und des Herausgebers
Jules Huret (1864–1915): *Im vollsten Aufblühen begriffen (um 1900)* und *„Kieler Woche": Kanonendonner für den Kaiser*
Aus „In Deutschland". II. Teil: „Von Hamburg bis zu den polnischen Ostmarken". Aus dem Französischen von E. von Kraatz, Leipzig, Berlin, Paris 1908
A. Ch. Hviid (1749–1788): *Aus dem Tagebuch eines dänischen Studenten (1777)*
Aus „Udtog af en Dagbog, holden i Aarene 1777–1780 paa en Reise giennem Tydskland, Italien, Frankerige og Holland", 1. Deel, Kiøbenhavn 1787, zitiert nach: „Kieler N. Nachrichten", 1936, Nr. 126 v. 31. Mai (Nach dem „Kieler Wochenblatt" von 1846)
Wilhelm Jensen (1837–1911): *Am Morgen des 24. März 1848 . . .*
Aus „Aus meinen Kriegsjahren", in: „Velhagen und Klasings Monatshefte", XIII. Jahrgang 1898/99, II. Bd., zitiert nach: Gustav Adolf Erdmann, „Wilhelm Jensen. Sein Leben und Dichten", Leipzig 1907
Wilhelm Jensen (1837–1911): *Ein viereckiger Marktplatz*
Aus „Aus meiner Vaterstadt. Die Persianischen Häuser", Breslau 1888
Friedrich Gottlieb Klopstock (1724–1803) *an Friedrich Ernst Schönborn*
Aus „Briefe von und an Klopstock". Ein Beitrag zur Literaturgeschichte seiner Zeit. Hrsg. v. J. M. Lappenberg, Braunschweig 1867
Dr. W. G. Krüger: *Die vielen teutonischen Figuren (1818)*
Aus „Erinnerungen aus einer Reise von Curland aus durch Dänemark und einen Theil des nördlichen Deutschlandes nach Ronneburg im Spätsommer 1818", Ronneburg 1818
August Kühn (geb. 1936): *In Kiel (1984)*
Aus „Deutschland – ein lauer Sommer". Ein Reisetagebuch. Franz Schneekluth Verlag, München 1984, mit freundlicher Genehmigung des Verlages
Jutta Kürtz (geb. 1941): *Kieler Schwips-Kuchen*
Aus „Das Kochbuch aus Schleswig-Holstein", gesammelt, aufgeschrieben und ausprobiert von Jutta Kürtz, Verlag Wolfgang Hölker, Münster 1976, mit freundlicher Genehmigung des Verlages

Johann Kaspar Lavater (1741–1801): *Aus dem Reise-Tagebuch (1793)*
Aus „Johan Caspar Lavaters Rejse til Danmark i Sommeren 1793", udg. paa Foranledning af Lehnsgreve C. E. Reventlow ved Louis Bobé, Kjøbenhavn 1898
Wilhelm Lehmann (1882–1968): *War ich für das Wissenschaftliche verdorben?*
Aus „Mühe des Anfangs". Biographische Aufzeichnungen. Verlag Lambert Schneider, Heidelberg 1952, mit freundlicher Genehmigung des Verlages
Alfred Lichtwark (1852–1914): *Es ist das Schloß (um 1900)* und *Großstadt – nur der Einwohnerzahl nach (um 1900)*
Aus „Eine Sommerfahrt auf der Yacht Hamburg", Hamburg 1904
Detlev von Liliencron (1844–1909): *Jeden Sonntag in die Sankt-Nikolai-Kirche*
Aus „Leben und Lüge". Biographischer Roman. In: „Gesammelte Werke". Sechster Band: „Romane", Berlin 1922
Detlev von Liliencron (1844–1909): *Wandlungen*
Aus „Gesammelte Werke". Dritter Band: „Gedichte", Berlin 1922
Friedrich v. Matthisson (1761–1831): *Der Eichenhain*
Aus „Gedichte", hrsg. v. Gottfried Bölsing. Band II. „Die Gedichte von 1785–1831 nebst einem Tagebuch von 1777–1800 als Anhang", Tübingen 1913
J. Meerman (1753–1815): *Ein guter Haven (1797)*
Aus „Reise durch den Norden und Nordosten von Europa in den Jahren 1797–1800". Aus dem Holländischen von Rühs. Erster Theil. Weimar 1810
Johann Meyer (1829–1904): *Kiel. Eine Frühlingshymne*
Aus „Sämtliche Werke". Erster Band. „Hochdeutsche lyrische Gedichte", Kiel und Leipzig 1906
Dr. Meyer (Domherr, 1760–1844): *„Es geht ein finstrer Geist durch dieses Haus!" (1815)*
Aus „Darstellungen aus Norddeutschland". II. „Sommerreise in Holstein 1815". Hamburg 1816
Elisabeth Meyer-Runge (geb. 1929): *An der Reventloubrücke zur Januarzeit*
Aus „In diesem Land. In't Land Schleswig-Holstein". Hoch- und niederdeutsche Gedichte. Westholsteinische Verlagsanstalt Boyens & Co., Heide 1980, mit freundlicher Genehmigung des Verlages
Friedrich Mülder (geb. 1932): *Verdacht*
Unveröffentlichtes Manuskript, 1985, mit freundlicher Genehmigung des Autors
Adelbert Natorp (geb. 1934): *Eine Lesung vor dem Schauspielhaus*
Aus „Euterpe". Jahrbuch für Literatur 1. Hrsg. v. Bodo Heimann, Marne 1984, mit freundlicher Genehmigung des Autors
Jost Nolte (geb. 1927): *„Ein Vorschlag zur Güte"*
Aus „Schädliche Neigungen". Roman. (c) S. Fischer Verlag GmbH, Frankfurt am Main 1978, mit freundlicher Genehmigung des Verlages
Jost Nolte (geb. 1927): *„Schlicht, aber von herber Eigenart"*
Aus „Eva Krohn oder Erkundigungen nach einem Modell". Roman. (c) S. Fischer Verlag GmbH, Frankfurt am Main 1976, mit freundlicher Genehmigung des Verlages
Fritz Th. Overbeck (1898–1983): *Der Lotsenkutter*
Aus „Allerlei Allotria zwischen Weser und Elbe", Verlag Friedrich Röver, Bremen 1977, mit freundlicher Genehmigung des Hans Christians Verlages, Hamburg
Roger Pilkington: *Am Strand von Laboe: der Schmus-Sessel und die Wallanlage*

Aus „Bei uns an Bord wird nicht geglast". Band II: „Auf Norddeutschlands Flüssen und Kanälen", Deutsch von Ernst Wagner, Verlag Die Brigantine, Hamburg 1971, mit freundlicher Genehmigung der Koehlers Verlagsgesellschaft mbH, Herford

Dierk Puls (geb. 1913): *. . . hinaus in das Getriebe des Jahrmarkts*

Aus „Theodor Mommsen. 1817–1903. Zwischen Kiel und Rom". In: „Besuch auf Emkendorf: Erzählungen vom Leben und Wirken schleswig-holsteinischer Dichter", Husum Druck- und Verlagsgesellschaft, Husum 1976

Wilhelm Raabe (1831–1910) *an Jensens in Kiel*

Aus „In alls gedultig". Briefe Wilhelm Raabes (1842–1910). Hrsg. v. Wilhelm Fehse, Berlin 1940

Luise Rinser (geb. 1911): *Eine Bombe für mich (1981)*

Aus „Winterfrühling 1979–1982". (c) S. Fischer Verlag GmbH, Frankfurt am Main 1982, mit freundlicher Genehmigung des Verlages

Ernst von Salomon (1902–1972): *Kiel, die Hauptstadt Schleswig-Holsteins*

Aus „Deutschland, deine Schleswig-Holsteiner. Dem Feinde weh, der sie bedroht!" (c) Hoffmann und Campe Verlag, Hamburg 1971, mit freundlicher Genehmigung des Verlages

Rudolf Schleiden (1815–1895): *Ein Pistolenduell (1839)*

Aus „Jugenderinnerungen eines Schleswig-Holsteiners", Wiesbaden 1886

Geert Seelig (1864–1934): *Den ganzen Sommer gab es Krabben*

Aus „Eine deutsche Jugend". Erinnerungen an Kiel und den Schwanenweg, Alster-Verlag, Hamburg 1920, mit freundlicher Genehmigung von Herrn Dr. Geert Seelig, Hamburg

Johann Gottfried Seume (1763–1810): *Ein schöner Anblick (1805)*

Aus „Mein Sommer 1805", in: „Seumes Werke in zwei Bänden". Zweiter Band, Berlin und Weimar 1977

Hans Söhnker (1903–1981): *Ein echter Kieler Jung*

Aus „. . . und kein Tag zuviel". Verlagsgesellschaft R. Glöss & Co., Hamburg 1974, mit freundlicher Genehmigung des Verlages

Geerd Spanjer (geb. 1905): *Förde im Sommer*

Aus „Schleswig-Holstein", Jg. 1966, Heft 6, S. 155, Neumünster, mit freundlicher Genehmigung des Autors

Jochen Steffen (geb. 1922): *Von den Prinsen Filipp*

Aus „Kuddl Schnööfs achtersinnige Gedankens und Meinungens von die sozeale Revolutschon un annere wichtige Sachens". (c) Hoffmann und Campe Verlag, Hamburg 1972, mit freundlicher Genehmigung des Verlages

Henrich Steffens (1773–1845): *„Immer sollen die Frauen getadelt werden." (1796)* und *„Springen Sie zu." (1796)*

Aus „Was ich erlebte". Aus der Erinnerung niedergeschrieben. Dritter Band. Breslau 1841

Theodor Storm (1817–1888): *Aus dem Tagebuch des Studenten*

Aus „Sämtliche Werke in vier Bänden". Band 4. Hrsg. v. Peter Goldammer, Berlin und Weimar 1978

J. Taillefas: *Die Nachtigallen im Schloßgarten (1817)*

Aus „Skizzen einer Reise nach Holstein besonders der Probstey Preetz im Sommer 1817", Hamburg 1819

Jules Verne (1828–1905): *Die Kieler Bucht, eine der schönsten und sichersten von ganz Europa (1881)*
Aus: „Bekannte und unbekannte Welten", Band 37, Wien 1882, zitiert nach: Paul Verne, „Von Rotterdam nach Kopenhagen am Bord der Dampfyacht ‚Saint Michel'", Wien 1882

Walter Volbehr (geb. 1904): *Von Prinz Heinrich un sien Lüd*
Aus „Uns Heimat un Tohuus". Geschichten un Vertelln. Husum Druck- und Verlagsgesellschaft, Husum 1979

Peter Wapnewski (geb. 1922): *Meine Schulzeit im Dritten Reich*
Aus „Meine Schulzeit im Dritten Reich", in: „Meine Schulzeit im Dritten Reich. Erinnerungen deutscher Schriftsteller", hrsg. v. Marcel Reich-Ranicki, Deutscher Taschenbuch Verlag GmbH & Co. KG, München 1984, mit freundlicher Genehmigung des Autors

Kaiser Wilhelm II. (1859–1918): *Grußbotschaft (1911)*
Aus Günther Imm, „Kiel – Hauptstadt eines schönen Landes", in: „Städte in Schleswig-Holstein mit Hansestadt Hamburg". Hrsg. v. Günther Imm, Frankfurt/Main 1972

Ernst Willkomm (1810–1886): *Das Sommertheater „Tivoli" zu Düsternbrook (um 1850)*
Aus „Wanderung an der Ostsee", Leipzig 1850

Uta Willms (geb. 1939): *Von dem Blauwal im Zoologischen Museum in Kiel*
Originalbeitrag, 1986, mit freundlicher Genehmigung der Autorin

Annemarie Zornack (geb. 1932): *friedlicher sonntag*
Aus „treibanker werfen". Gedichte, (c) 1982 by Eremiten-Presse, Düsseldorf, mit freundlicher Genehmigung des Verlages

Annemarie Zornack (geb. 1932): *ohne segel* und *zufällig in kiel*
Aus „als das fernsehprogramm noch vorm küchenfenster lief". gedichte, Claassen Verlag GmbH, Düsseldorf 1979, mit freundlicher Genehmigung des Verlages

Carl Zuckmayer (1896–1977): *Eklat im Stadttheater (1923)*
Aus „Als wär's ein Stück von mir". Horen der Freundschaft. Fischer Taschenbuch Verlag GmbH, Frankfurt am Main 1977, Lizenzausgabe der S. Fischer Corporation, New York, mit freundlicher Genehmigung des S. Fischer Verlages, Frankfurt am Main

Auszug der Saatkrähen aus Düsternbrook (Nach einer mündlichen Mitteilung von Klaus Groth)
Aus „Die Heimat", 7. Jg., Nr. 3, März 1897, S. 68

Ein alte/und wasserreiche Statt (1653)
Aus „Topographia Saxoniae Inferioris", Franckfurt, Merians 1653

Ein ungenannter Begleiter des englischen Gesandten am dänischen Hofe, Vernon, berichtet im Jahre 1702
Aus „Reisen durch die Herzogthümer Holstein und Schleswig im Jahre 1702", Übersetzung aus dem Französischen von Pasche, in: Archiv für Geschichte, Statistik, Kunde der Verwaltung und Landesrechte der Herzogthümer Schleswig, Holstein und Lauenburg. Hrsg. v. N. Falck. Des Staatsbürgerlichen Magazins dritte Folge. 2. Jahrgang, 2. Heft. Kiel 1843, S. 350–353

Ruhmesworte eines Engländers (1785)

Aus „Nachrichten eines Engländers über Holstein, Hamburg, Altona, etwa 1785, mit Bemerkungen von 1824": von Hennings' Handschriften, 17 in: F. Eyssenhardt, „Mittheilungen aus der Stadtbibliothek zu Hamburg", VII, 1890, S. 78–90

Inhaltsverzeichnis

Vorwort 5

Die Stadt Kiel – Ansichten und Eindrücke
Jens Baggesen, Kiel – inmitten eines Paradieses 7
Annemarie Zornack, zufällig in kiel 7
Johann Meyer, Kiel. Eine Frühlingshymne 8
Ein alte/und wasserreiche Statt (1653) 9
Ernst von Salomon, Kiel, die Hauptstadt Schleswig-Holsteins . 9
Detlev von Liliencron, Wandlungen 11
Theodor Fontane, Reisenotizen aus Kiel 14
Gottfried Benn an F. W. Oelze 16
Ludwig Holberg, Für Handwerksleute eine sehr gute Stadt . 16
Bodo Heimann, Abgesang auf die Kieler Straßenbahn . . . 17
Jost Nolte, „Schlicht, aber von herber Eigenart" 18
Hans Christian Andersen, Aus den Tagebüchern (1843) . . 20
Jules Huret, Im vollsten Aufblühen begriffen (um 1900) . . 21
Alfred Lichtwark, Großstadt – nur der Einwohnerzahl nach (um 1900) 22
Jens Baggesen, Über die niedlichen Dienstmädchen . . . 23
Charles Aubery du Maurier, Aus dem Reisebericht des Begleiters des französischen Gesandten Grafen d'Avaux (1637) . . . 24
Resi Chromik, Kiel 26

Spaziergang durch die Stadt – Kieler Stationen
Wolfram Eicke, Gleis 8, Güterbahnhof Kiel 27
Harald Eschenburg, Heimkehr in der Besatzungszeit . . . 28
Käte Frankenthal, Es herrschte ein ausgesprochener Kastengeist (um 1905) 30
Hans Holtorf, Kiel hat kein Geld 33
Adelbert Natorp, Eine Lesung vor dem Schauspielhaus . . 34
Carl Zuckmayer, Eklat im Stadttheater (1923) 36
Dierk Puls, . . . hinaus in das Getriebe des Jahrmarkts . . 39
Dr. Meyer (Domherr), „Es geht ein finstrer Geist durch dieses Haus!" (1815) 42
Jost Nolte, „Ein Vorschlag zur Güte" 43
Luise Rinser, Eine Bombe für mich (1981) 45
August Kühn, In Kiel (1984) 46
Moritz Busch, Das lebhafte Treiben auf der Holstenstraße (1856) 48

Ottomar Enking, Syrithe Berg, eine sehr eigenartige Künstlerin 49
Wilhelm Jensen, Ein viereckiger Marktplatz 51
Wilhelm Jensen, Am Morgen des 24. März 1848 53
Detlev von Liliencron, Jeden Sonntag in die Sankt-Nikolai-Kirche 53
Claus Harms, Über die Folgen der Hinrichtung eines Raubmörders (um 1820) 54
Karl August Böttiger, So manche Kieler Merkwürdigkeit (1797) 56
Alfred Lichtwark, Es ist das Schloß (um 1900) 57
Ein ungenannter Begleiter des englischen Gesandten am dänischen Hofe, Vernon, berichtet im Jahre 1702 58
J. Taillefas, Die Nachtigallen im Schloßgarten 59
Uta Willms, Von dem Blauwal im Zoologischen Museum in Kiel 60
Bodo Heimann, Auf der Spiellinie 63
Friedrich von Esmarch, „Ach, he ohle Semmelfoot, . . .“ (um 1845) 64
Peter Wapnewski, Meine Schulzeit im Dritten Reich 65
Klaus Groth, Klockenlüden 68
Jochen Steffen, Von den Prinsen Filipp 69
Klaus Groth an seine Braut Doris Finke 71
Ernst Willkomm, Das Sommertheater „Tivoli“ zu Düsternbrook (um 1850) 72
Wilhelm Raabe an Jensens in Kiel 72
Friedrich v. Matthisson, Der Eichenhain 73
Karl August Böttiger, Die Baumschule (1797) 73
Auszug der Saatkrähen aus Düsternbrook 75

Die Universität
Theodor Storm, Aus dem Tagebuch des Studenten 76
Joachim Beccau, Kielsches Studenten-Lied 77
H. Biernatzki, Kiel als wissenschaftliches Centrum der Herzogthümer 78
A. Ch. Hviid, Aus dem Tagebuch eines dänischen Studenten (1777) 81
Wilhelm Lehmann, War ich für das Wissenschaftliche verdorben? 83
Johann Kaspar Lavater, Aus dem Reise-Tagebuch (1793) . . 85
Henrich Steffens, „Immer sollen die Frauen getadelt werden.“ (1796) 86
Henrich Steffens, „Springen Sie zu.“ (1796) 88

Dr. W. G. Krüger, Die vielen teutonischen Figuren (1818) . 89
Matthias Claudius an Cai Gr. Reventlow 90
Rudolf Schleiden, Ein Pistolenduell (1839) 91
Johann Gottfried Herder an J. H. Müller (1800) 94
Axel Eggebrecht, Der Kapp-Putsch in Kiel (1920) 95

Der Hafen
Annemarie Zornack, ohne segel 98
J. Meerman, Ein guter Haven (1797) 99
Hans Söhnker, Ein echter Kieler Jung 99
Klaus Groth an seine Braut Doris Finke 101
Geert Seelig, Den ganzen Sommer gab es Krabben 101
Graf Adelbert Baudissin, Frischgeräucherte „Sprott“ eine wahre Delikatesse 103
Jutta Kürtz, Kieler Schwips-Kuchen 104
Waldemar Bonsels, Wie Pile Trak Aalfische angelte . . . 105
Annemarie Zornack, friedlicher sonntag 107
Gerrit Bekker, „Sünd wi noch klor?“ 107
Grußbotschaft Kaiser Wilhelms II. (1911) 109
Jules Huret, „Kieler Woche“: Kanonendonner für den Kaiser . 109
Elisabeth Meyer-Runge, An der Reventloubrücke zur Januarzeit 111
Karl August Böttiger, Eine entzückende Aussicht über den Hafen 112
Friedrich Gottlieb Klopstock an Friedrich Ernst Schönborn . 113
Walter Volbehr, Von Prinz Heinrich un sien Lüd 114

Kieler Förde
Hans-Jürgen Heise, Kieler Förde 116
Jules Verne, Die Kieler Bucht, eine der schönsten und sichersten von ganz Europa (1881) 116
Dietlinde Hedwig Heckt, Schilksee 117
Johann Gottfried Seume, Ein schöner Anblick (1805) . . . 118
Geerd Spanjer, Förde im Sommer 119
Hans-Jürgen Heise, Aufkommende Brise 120
Roger Pilkington, Am Strand von Laboe: der Schmus-Sessel und die Wallanlage 121
Friedrich Mülder, Verdacht 124
Ruhmesworte eines Engländers (1785) 125
Fritz Th. Overbeck, Der Lotsenkutter 125

Quellenangaben 126